그가 그립다

그가 그립다

초판 1쇄 발행 2014년 5월 8일
초판 2쇄 발행 2014년 5월 16일

지은이 유시민·조국·정여울 외

책임편집 김초희, 주리아, 조덕섭
책임디자인 유영준

펴낸이 이상순
주 간 서인찬
편집장 박윤주
기획편집 유명화, 김설아, 서한솔
디자인 최성경
마케팅 홍보 이상광, 박성신, 박순주

후원 노무현재단 시민기획위원회
진행 시민광장

펴낸곳 (주)도서출판 아름다운사람들
주소 (413-756) 경기도 파주시 회동길 103
대표전화 031-955-1001 **팩스** 031-955-1083
이메일 books777@naver.com
홈페이지 www.books114.net

생각의길은 (주)도서출판 아름다운사람들의 인문 브랜드입니다.

ISBN 978-89-6513-288-2 03300

그가 그립다

스물두 가지 빛깔로 그려 낸 희망의 미학

유시민 조국 신경림 한홍구 정여울 서민 정철 류근
노경실 김윤영 김형민 정주영 김상철 신충진 김갑수
유시춘 이이화 노항래 김태수 박병화 시윤희 조세열

머리말

맨마음의 한 젊은이가 우리들 속으로, 우리도 모르는 사이에 걸어왔습니다. 처음엔 아무도 눈치채지 못했습니다. 그 젊은이의 목소리도 귀에 넣지 않았습니다.

그런데 우리가 대낮에 힘없이 넘어질 때, 골방에서조차 소리 죽여 울 때, 빈 주머니로 집에 돌아갈 때 누군가 다가왔습니다. 우리를 하나둘 일으켜 주고, 마음껏 울도록 먼저 소리쳐 주고, 때로는 빈 주머니 안에 희망을 넣어 주었습니다.

그제야 우리는 그 젊은이의 얼굴을 쳐다보기 시작했고, 그의 목

소리에 고개를 돌리며, 그의 손짓에 즐거워했습니다. 우리는 흥분하기 시작했습니다. '저 젊은이가 누구냐?'

그 젊은이.
그 사나이.
그 사람.

그는 '노무현'이라는 작은 사람이었습니다. 아주 작은 사람입니다. 그래서 우리는 놀랐습니다. 크게 놀랐습니다.

그는 내세울 게 없어서 당당했고, 감출 게 없어서 명쾌한 젊은이였습니다. 또, 가슴이 뜨거워서 활짝 열어젖히고 나누어야만 하는 사람이었습니다.

우리는 기꺼이 그를 앞장세웠습니다. 그리고 쉼 없이 요구했습니다. 그는 십자가를 진 것처럼 자신을 버린 채 땀 흘렸습니다.

하지만 우리는 변덕이 심한 여름철 날씨였습니다. 우리는 참 많이도 그 사람을 우리의 용광로와 얼음 창고 속에 몰아넣었습니다. 게다가 우리는 냉정한 등을 '눈부신 빛을 반사하는 거울'처럼 그의 심장 앞에 들이밀었습니다.

이제 그 젊은이는 저 먼 카이로스(kairos) 안으로 들어갔습니다.

우리는 여전히 가녀린 크로노스(chronos) 시간 속에서 제 영역을 위해 동분서주하는데 말입니다.

그립다고 말하면서도 우리는 여전히 변덕의 냉온탕에서 스스로 지치도록 이리저리 뛰고 있습니다. 심지어는 그리운 것으로 우리 스스로 '정리(?)'를 다 한 양 마음 놓고 밥을 먹기도 합니다.

그새 5년을 보냈습니다. 딱 5년만큼만 괴로워하고, 그리워했다면 차라리 좋겠습니다. 그러나 어찌했든 우리는 그의 벗이요, 이웃이며, 때로는 원수 같은 동지였습니다. 그래서 우리의 5년은 시간을 넘어서고, 그리움을 뛰어넘은 사랑의 고백입니다. 스물두 명의 메시지는 그 젊은이의 영혼 앞에서 민낯으로 부르는 소박한 합창입니다.

2014년 5월 작가들의 한마음을 모아

노경실

차례

● 머리말   5

정여울 ● 뚫고 싶다 | 오랜 자폐를 털고   11

김윤영 ● 깨고 싶다 | 어떤 개가 이길까?   23

정 철 ● 꺾고 싶다 | 날개에 대한 지나친 고찰   35

조 국 ● 찾고 싶다 | 호모 엠파티쿠스   47

노경실 ● 웃고 싶다 | 다시는 울지 말자   59

김형민 ● 풀고 싶다 | 귀신은 살아 있다   71

유시민 ● 닮고 싶다 | 변호인이 된다는 것   87

류 근 ● 날고 싶다 | 몽롱한 베스트셀러 잡문가의 나날   97

정주영 ● 보고 싶다 | 당신의 전속 이발사   105

김상철 ● 되고 싶다 | 진짜이고 싶은   113

신충진 ● 잡고 싶다 | 식사하세요   127

김갑수 ● 심고 싶다 | 나쁜 취향   137

신경림 ● 살고 싶다 | 눈길   147

유시춘 ● 닿고 싶다 | 가장 아름다운 문서   155

서 민 ● 갚고 싶다 | 베드로는 멀리 있지 않다   171

이이화 ● 넘고 싶다 | 알다시피   183

한홍구 ● 묻고 싶다 | 그리움의 방법   193

노항래 ● 막고 싶다 | 사소하고도 기나긴   209

김태수 ● 서고 싶다 | 다 마찬가지다   217

박병화 ● 믿고 싶다 | 나도 좀 타고 가자   225

시윤희 ● 알고 싶다 | 지금의 내가 아닌데   233

조세열 ● 열고 싶다 | 다윗의 돌팔매   241

정여울

뚫
고
싶
다

오랜
자폐를
털고

날씨를 피할 수 없듯이, 민주주의의 가뭄을 피할 방법도 없다는 것을, 저는 당신이 떠나신 뒤에야 알게 되었습니다. 저는 숨어 살면 될 줄 알았습니다. 추위를 피해 집 안에만 웅크리고 있는 게으른 아이처럼요. 저도 민주주의의 한파를, 민주주의의 가뭄을, 민주주의의 고사 상태를 피해 보려 했습니다. 소박하지만 세상에 둘도 없는 제 작은 보금자리 안에 꽁꽁 숨어서 말입니다. 하지만 제 마음 깊은 곳에서는 잘 알고 있었습니다. 겁 많고 소심하며 '정치'의 '정' 소리만 들어도 몸서리를 치는 저 같은 사람이야말로, 민주주의를 절실히 필요로 한다는 것을요.

그가 그립다

1980년 광주나 1987년 6월 같은 뜨겁고도 무서운 시기에 그저 철모르는 꼬마였을 뿐인 저는, 민주주의란 물이나 공기처럼 아주 당연하게 존재하는 그 무엇이라 생각했지요. 민주주의가 생필품이나 의식주처럼, 때로는 그보다도 훨씬 더 우리에게 절박한 그 무엇이라고는 생각해 본 적이 없었습니다. 하지만 당신이 떠나신 후 몇 년간, 저는 하루하루 마음속에서 한없이 낯선 모습으로 탈바꿈해 가는 민주주의의 악전고투를 참담한 심경으로 지켜보게 되었습니다. 그리고 마침내 인정하지 않을 수가 없었습니다. 생면부지의 타인과도 마음을 나누는 따뜻한 글을 쓰고 싶어 하는 제가, 어떻게 타인과의 소통을, 민주주의의 따뜻한 봄날을 포기할 수 있겠는지요. 저는 시간이 지날수록 아프게 배워 나가고 있습니다. 민주주의의 한파 속에서는 '내 생각을 남이 인정해 주는 자유'나 '남의 생각을 내가 인정해 주는 혜량'을 넘어선 그 무엇, 그러니까 '내 머리로 내 생각을 할 수 있는 자유'까지 빼앗길 위험이 있다는 것을요.

　　저는 얼마 전에 생활 속의 민주주의를 가로막는 아주 무서운 힘을 휘두르는 사람들과 만났습니다. 글 쓰는 일을 업으로 삼은 저에게는 '어떤 글감을 찾는가'가 가장 소중한 자유임을 깨닫게 해 준 사람들이기도 하지요. 저는 한 도서관 소식지에 영화에 대한 칼럼을 연재하기로 약속했습니다. 청소년들을 주요 독자로 삼는 잡지였습니다. 그 소식지를 교재로 일선 학교 선생님들이 독서 토론을 하기도 한다고 들었습니다. 저는 고심 끝에 〈변호인〉을 택했지요. 〈변호인〉을 통해 저는 제가 살아 보지 않은 세상까지도, 제가 겪어 보지 않은 고통까지도, 생생하게 지금 이 순간의 저 자신을 만들어 낼 수 있다는 것을 알게 되었습니다. 〈변호인〉에는 당신은 물론 당신이 사랑했던 수많은 사람들의 눈물과 미소와 피땀이 가득 담겨 있어 도저히 짧은 글 한 편으로는 그 메시지를 담아낼 수 없었습니다. 글로 표현할 수 있는 것보다 표현할 수 없는 것이 훨씬 많다는 것을 아프게 깨닫는 글쓰기였지요. 〈변호인〉을 관람한 후 지금까지 제게 용기가 없어서, 혹은 제 스스로의 준비가 부족해서 말할 수 없었던 모든 것들이 한꺼번에 떠올라 밤잠을 이루지 못했습니다. 청소년들이 공감할 수 있는 언어로 글을 쓰려다 보니, '제가 하고 싶은 말'과 '타인이 이해할 수 있는 말'의 거리를 좁히는 것이 얼마나 어려운지도 실감하게 되었지요.

그런데 진짜 문제는 전혀 다른 곳에서 터졌습니다. 원고를 보낸 후 며칠 되지 않아 편집부에서 다급하게 연락이 온 것입니다. 편집 작업까지 모두 끝나 이제 잡지가 곧 나오겠구나 짐작하고 있었는데, 원고 '게재 불가' 메일이 온 것이었습니다. 잡지 관계자들이 영화 〈변호인〉은 청소년을 위한 도서관 잡지에 어울리지 않는다고 판단했다는 것입니다. 15년 동안 글 쓰는 일을 직업으로 삼아 살아오면서 제 원고가 이런 식으로 반려되기는 처음이었습니다. 약간의 수정 요청이 들어왔을 때는 있었지만, 이미 편집 작업까지 끝난 원고가 관계자들의 반대로 실리지 못하게 된 경우는 처음이었지요. 편집자의 잘못은 아니었습니다. 평소에 제 글을 아껴 주신 분이었고 저를 그 잡지의 필자로 연결해 주신 분이기도 했으니까요. '좀 더 밝은 내용의 작품, 청소년들에게 맞는 작품'을 선정해 달라는 것이 '관계자'의 요청이었습니다. 자기 이름조차 밝히지 않고 '관계자'라는 명목 뒤에 숨어서 타인의 글쓰기를 쥐락펴락하려는 사람의 의도는 도대체 무엇이었을까요. 〈변호인〉이라는 영화 안에 담긴 그 무엇이 그 사람을 불편하게, 혹은 두렵게 했던 것일까요. 분명 '15세 이상 관람가'로 상영되는 이 영화가, 도대체 어디에 '청소년에게 맞지 않는 내용'을 담고 있다는 것일까요.

그 후 몇 번의 고통스러운 의견 조율 끝에 저는 도저히 그 잡지에 제 글을 실을 수 없다는 것을 깨달았습니다. 제가 새로 제안하는 작품마다 그들은 퇴짜를 놓았고, 결국에는 '아무런 갈등요소가 없는 밝고 유쾌한 내용'만을 원하는 잡지에 제 글이 실릴 수 있는 가능성은 없다는 것을 깨달았습니다. 저는 어둠 없는 빛을 믿지 않으니까요. 어떻게 세상을 밝고 명랑하게만 그릴 수 있을까요. 세상은 결코 그렇지 않은데요. 제가 글을 쓰고 싶은 대상을 스스로 고를 수 없다는 것 자체가 이미 심각한 구속이고 억압이었습니다. 사실 이 잡지 말고도 '밝고 명랑한 이야기, 갈등 없는 이야기'만을 써 달라는 요구를 받은 적이 있었습니다. 그런데 저는 그런 글을 쓸 수 없는 사람이더군요. 이 세상에는 아주 당연해 보이는 권리를 얻기 위해 목숨까지 걸고 투쟁하는 사람들이 아직도 많은데, 밝고 단순하고 명쾌한 이야기만을 요구하는 사람들이야말로 이 세상이 변화하는 것을 원치 않는 진정한 '보수'가 아닐까요.

제가 쓴 원고가 반려당한 후, 저는 마음이 가는 대로 글을 쓸 수 있는 자유가 얼마나 소중한지를 새삼 깨닫게 되었지요. 그리고 민주주의의 이 기나긴 가뭄을 더욱 부채질하는 사람들은 이름난 정치인이나 권력자들만이 아니라, 이렇게 소소한 일상 속에서 타인의 자유를 야금야금 탈취하는 사람들임을 알게 되었지요. 그리고 〈변호인〉이라는 영화가 제 마음속에서 왜 그토록 커다란 파문을 일으켰는지를 곰곰이 생각해 보게 되었습니다. 이 영화가 자꾸만 현실에 안주하고 싶어 하는 제 안의 보수성을 아프게 찔렀던 것입니다. 학생들과 함께 수업을 할 때도 저는 자꾸만 더 편안한 텍스트, 물의를 일으키지 않을 텍스트에 안주하고 싶어 하는 저 자신을 발견했습니다. 민주주의의 적은 제 안에도 있었던 것입니다. 새로운 저항을 꿈꾸는 행위를 중단하는 것, 정의감만 넘칠 뿐 정의를 실천할 기회를 외면하는 것, 먹고사는 일로 핑계를 대며 올바른 삶에 대한 성찰을 게을리하는 것. 그 모두가 제 안에서 항상 세력을 넓힐 기회를 찾고 있는 민주주의의 적이었던 것입니다.

영화 〈변호인〉을 보며 저는 가슴이 아프면서도 한편으로는 무척 기뻤습니다. 일단 그 자리에 그토록 많은 사람들이 함께할 수 있다는 것이 참 좋았습니다. 영화를 보러 온 대부분의 사람들은 이제는 현실에서 볼 수 없는 당신을 스크린에서라도 보고 싶어 하고 있었으니까요. 우리는 얼굴도 이름도 모르는 타인들이었지만, 당신의 분신을 연기하고 있는 훌륭한 배우를 보면서 그의 도전에 박수를 보내고 그를 통해 당신의 따뜻한 환영을 보면서 행복했습니다. 당신에 대한 그리움만으로도 우리는 이미 친구가 되어 있었으니까요.

저는 이 작품을 보면서 제목이 '변호사'가 아니라 '변호인'이라는 것이 참 좋았습니다. 작품 초반에 송우석 변호사는 돈도 잘 벌고 이름도 날리는 '유능한 변호사'이긴 했지만 누구에게나 존경받을 만한 '훌륭한 변호인'은 아니었지요. 유명한 변호사가 되는 것보다는 진정한 변호인이 되는 길이 훨씬 어려운 길일 것입니다. '변호사'가 직업이나 사회적 위치를 강하게 환기한다면, '변호인'은 누군가의 억울함을 대신 말해 주는 사람이라는 윤리적 책무를 떠오르게 합니다. 변호사가 국가가 관리하는 시험에 통과해야만 얻을 수 있는 자리라면, 변호인은 자신의 양심을 지키고 정의를 실현하고자 하는 사람이라면 누구나 될 수 있는 것이 아닐까 하는 상상도 해 보았습니다. 영화 속의 주인공이 진정한 '변호인'으로 거듭나는 순간은 사법고시에 합격했을 때가 아니라, 성공한 변호사로서 승승장구하며 야망을 키울 때가 아니라, 어느 날 느닷없이 실종된 자식을 찾기 위해 시체 안치소까지 찾아 헤맨 어미의 찢어지는 가슴을 이해하는 순간, 그리고 그 아들의 억울한 사연을 감싸 안고 스스로 그 어려운 사건의 변호인이 될 것을 선택하는 순간이었지요.

우리 모두에게도 그런 순간이 있습니다. 그 길이 반짝반짝 빛나기 때문이 아니라, 그 길에 오가는 사람이 너무 없기 때문에 그 길을 선택하고 싶은 순간. 나와는 아무런 상관도 없는 일인 줄 알았던 끔찍한 사건이 바로 '나 자신의 일'이 되는 순간. 나 자신의 안전을 위해서 피해 버릴 수도 있지만, 불의로 인해 고통받는 사람들의 슬픔이 남의 일처럼 느껴지지 않는 순간. 그래서 외면해 버릴 수 없는 순간이 있습니다. 그리고 그런 순간도 있지요. 나만을 위해서, 내 성공과 내 가족의 안위만을 위해서 경주마처럼 달려가다가, 문득 내 인생의 발자취를 되짚어 보는 순간이요. 이기지 못해도 좋습니다. 재판이나 경쟁이나 승부에서 이기는 것도 좋겠지만, 그보다 더 소중한 것을 얻을 때도 있습니다. "그날 부산 지역 142명의 변호사 중 99명이 변호인으로 출석했다."라는 자막이 뜨는 순간, 수많은 관객들은 누가 먼저랄 것도 없이 참았던 흐느낌을 쏟아 냈습니다. 저는 그 조용한 흐느낌들 한가운데 녹아 있을 저마다의 분노, 슬픔, 설움의 결들을 상상하며 함께 울었습니다. 그리고 생각했지요. 이 눈물은 단지 당신을 향한 그리움 때문이 아니라 '지금 우리가 살고 있는 이 세상이 뭔가 크게 잘못되었다'는 분노와 공포에서 우러나오는 것이라고요. 모두들 왠지 후련하게 울음을 터뜨리지 못했습니다. 저마다 갑갑함을 한 아름 안고서 울음 뒤끝이 길게 회한의 그림자를 드리우는, 그런 울음을 울었습니다.

한바탕 울고 나면 마음이 한결 가벼워지게 마련인데, 왜 〈변호인〉을 본 후에 터지는 울음 끝은 그토록 무거웠는지를, 이제는 알 것 같습니다. 〈변호인〉에 대한 리뷰를 쓰는 것조차 자유롭지 않은 괴상망측한 세상을 사는 저에게, 진정 필요한 것은 저에게 맞는 변호인을 찾는 것이 아니라 제가 스스로 '우리가 꿈꾸는 자유'를 향한 일상 속의 변호인이 되는 것이었습니다. 우리 모두가 영화를 보는 것에만 그치지 않고 여전히 최소한의 인권과 자유마저 보장받지 못한 채 고통받는 사람들의 변호인이 되어야만 이 비극이 끝날 수 있다는 것을 저마다 마음 깊숙이 느끼고 있었기에 우리는 그토록 시원하게 울 수가 없었던 것이지요. 〈변호인〉은 단지 '아름다운 삶을 살았던 한 사람'을 추모하는 영화가 아니라 우리들 각자가 스스로 변호인이 되어 이 지독하게 삐걱거리는 세상을 온몸으로 견디는 이들을 지켜 주어야 한다는 것을 일깨운 이야기였습니다. 자기가 자신의 변호인이 되는 것 말고는 다른 길을 찾지 못한 수많은 사람들은 오늘도 삶이 혼자만의 전투임을 실감하며 외로운 싸움을 계속합니다. 고통받는 타인과의 연대 없이는, 저마다 운명처럼 떠안고 있는 크고 작은 고뇌가 독야청청한 정의의 외로운 울부짖음으로 끝나 버릴 수도 있겠지요. 그리하여 중요한 것은 '정의란 무엇인가'만이 아니라, '연대란 무엇인가'를 고민하고 실천하는 것이겠지요.

저는 오랫동안 민주주의의 자폐증에 걸려 있었던 것 같습니다. 제가 살고 있는 작은 커뮤니티 안에 웅크린 채, 남에게 피해를 주지 않고 나 또한 필요 이상의 관심을 받지 않기를 빌며 조용히 엎드려 살아야지 했습니다. 그 변명의 끝에는 항상 이런 문장이 있었죠. 나는 소심하니까, 나는 겁이 많으니까. 하지만 '겁 많고 소심하다'고 스스로를 몰아세우는 자기변명 속에는 잘못된 전제가 깔려 있음을 알게 되었지요. 남보다 더 잘 상처받고, 남보다 더 자주 겁에 질리는 저 같은 사람에게야말로 민주주의가 절실히 필요하다는 것을 저는 너무 늦게 깨달았습니다. 세상이 무서울 때마다, 사람들이 무서울 때마다, 더 깊이 저만의 누에고치 속으로 숨었던 저는 잊고 있었지요. 겁 많고 소심하고 힘없는 사람에게도 지켜야 할 민주주의, 지켜야 할 인간의 도리,

지켜야 할 사랑하는 것들이 있다는 것을. 이제 저는 사랑하는 것들을 지켜 내기 위해 아주 작은 용기부터 내 볼 작정입니다. 제게는 부당한 일을 당하면 마치 그 일이 처음부터 없었던 것처럼 어떻게든 잊으려고 하는 나쁜 버릇이 있었지요. 이제는 잊지 않으려고 합니다. 그리고 그런 일이 있을 때마다, 제가 할 수 있는 모든 수단을 동원해 세상에 알리려고 합니다. 여전히 민주주의가 안타까운 숨소리로 연명하며 '희망'이라는 가녀린 산소호흡기에 의지하고 있는 지금, 저 또한 작은 힘을 보태어 그 누구의 이익을 대변하는 것도 아닌, 민주주의의 변호인이 되고자 합니다. 영화 속의 당신처럼, 아니 수십 년 전 당신이 냈던 그 용기를 떠올리며 말이지요. "제가 하께요, 변호인. 하겠습니더."

이제 겁 많고 소심하고 힘없는 사람들조차 민주주의를 변호하고, 국민의 알 권리를 지켜 내고, 고통받는 이웃을 배려하는 세상, 약자가 약자를 돌보고 그럼으로써 더 이상 약자에 멈춰 서지 않는 그런 세상이 와야 한다고 믿게 되었습니다. 예전에는 저처럼 겁 많고 소심한 사람은 민주주의를 누릴 자격이 없다고 생각했지요. 민주주의의 새빨간 거짓말을 믿을 수 없기도 했지요. 민주주의, 그건 자신의 의견을 강압적으로 관철하고자 하는 사람들이 겁 많은 민중을 회유하기 위한 수단이 아닌가 싶기도 했습니다. 하지만 이제야 알게 되었습니다. 나처럼 겁 많고 소심한 사람에게는 더 뜨거운 민주주의, 더 깊은 민주주의가 필요하다는 것을. 저는 마이크가 앞으로 와도 제대로 할 말을 못 하고, 남들 앞에서 말을 하기가 무서워 결국 글쓰기로 도피했습니다. 민주주의와 관련이 있는 것 가운데 제가 지닌 유일한 재능은 타인의 말을 경청하는 것뿐이니 말입니다. 이런 사람들도 두 다리 뻗고, 할 말은 할 수 있는 세상을 만들기 위해서는 더 세심한 민주주의가, 더 다정한 민주주의가, 더 따뜻한 민주주의가 필요할 테니까요. 그곳에서도 들리시지요? 이렇게 많은 사람들이, 이렇게 속삭이는 소리가요. "저도 할게요. 변호인, 저도 같이 하겠습니다."

정여울

문학평론가이자 작가이다. 〈한겨레신문〉에 '내 마음속의 도서관'을 연재하고 있으며 KBS1라디오 〈책 읽는 밤〉의 '마음의 서재' 코너에 출연하고 있다. 지은 책으로는 《내가 사랑한 유럽 TOP10》《그때 알았더라면 좋았을 것들》《마음의 서재》 등이 있다.

김윤영

깨
고
싶
다

어떤
개가
이길까?

'미친놈이 홀딱 벗고 날뛰면 안 쳐다볼 사람이 없다.'

내가 드라마 작가라는 이유만으로 내가 쓴 것도 아닌 드라마 얘기 꺼내며, 드라마 작가들은 왜 막장 드라마를 쓰냐고 묻는 사람들에게 해 주는 답이다. 물론 반대로 내가 "그런 드라마를 왜 보세요?" 하고 물을 수도 있다. 하지만 그런 질문은 자칫 그런 드라마를 보는 사람들을 힐난하는 것 같은 뉘앙스를 줄 수도 있어 그냥 대답해 주는 거다. 물론 이런 대답은 그런 드라마를 쓰는 작가에 대한 변명도 무시도 아니다.

그저 인간이란 동물이, 겉으로 점잖은 척해도 누구나 미치고 싶

그가 그립다 ●

은 욕망, 홀딱 벗고 싶은 욕망, 날뛰고 싶은 욕망을 가지고 있다는 얘기 해 주는 거다. 인간의 '홀딱 벗고 뛰고 싶은 욕망'을 잘 아는 그 작가는 우리가 숨기려 하는 우리의 바닥, 즉 한없이 이기적이고 부도덕하며 무지하고 편견에 가득한 저질스러운 온갖 말과 행동들, 자신의 욕망을 위해 헐뜯고 거짓말하며 남을 짓밟고 온갖 끔찍한 짓들도 마다하지 않는 모습을 보여 주는 거고, 시청자는 자신이 숨기거나 눌러둔 욕망을 시청하는 거다. 특히 '욕망'이란 연료를 들이붓고는 '대립'과 '경쟁'이란 두 바퀴로 브레이크 없이 달리는 열차와 같은 자본주의 대한민국에서 '성공'을 향해 달리며 미치지 않고 산다는 것 자체가 얼마나 쉽지 않은 일인가?

이렇게 드라마는 세상과 무관하게 그저 극단적이고 자극적인 것이 아니라 세상과 인간을 관찰하고 이해해서 그것을 반영해야만 공감을 얻을 수 있다. 즉 나 대신 드라마의 주인공이 미친 세상, 부도덕한 세상에 상처받고 굴러떨어지며 고난을 겪고 그것을 견뎌 내며 욕망을 이루거나 욕망의 허무를 깨닫거나, 고결한 가치와 꿈을 이루는 과정을 보며 가슴 조이고 눈물 흘리며 위로와 카타르시스를 느끼게 되는 것이다.

하지만 드라마를 그저 단순히 액면의 세상과 인간에 대한 반영이라 여기면 곤란하다. 드라마는 쉽게 사람들이 상상할 수 없었던 것, 혹은 상상했지만 불가능하다고 생각했거나 구체화할 수 없었던 것을 시청자에게 가능하도록 구체적으로 보여 주어 상상 세계를 넓혀 주고 희망을 주는 것이기도 하기에, 작가는 때로 브레이크 없는 열차에서 뛰어내리는 용기도 필요하다. 말을 달리다가도 때론 잠시 내려서 영혼이 따라오는지 살피며 기다린다는 아메리칸 인디언처럼, 혹은 설국열차의 닫힌 문을 열고 언 땅에 내려선 요나처럼.

몇 년 전, 나는 새로운 드라마를 구상하던 중 벽에 부딪히는 한계를 느끼며 방향을 잃고 지쳐 가고 있었고, 상상력도 희망도 말라 가고 있었다. 그러다 한 지인을 만났는데 그 또한 많이 지쳐 보였다.

"내가 뭐 대단한 걸 바랐나? 권력을 탐했어, 돈을 탐했어? 제 살 궁리만 하며 사는 인간들도 많은 세상에, 그래도 내 새끼나 남의 새끼나 분하고 억울한 일 안 겪고, 먹고사는 데 어려움 없이 서로 더불어 잘 사는 그런 세상을 바랐던 것뿐인데. 그렇게 소박한 꿈이었는데."

그런 세상은 아무리 노력해도 안 올 거 같다고, 희망이 보이지 않는다며 오래된 분노를 꾸역꾸역 삼키듯 소주잔을 털어 넣고는 지친 얼굴로 날 보던 지인에게 난 별반 위로의 말도 못 하고 목마른 사람처럼 물만 홀짝였다. 하지만 지인의 지치고 초라한 뒷모습을 보며 배웅하고 돌아서다가 문득, '우리가 정말 소박한 꿈을 꾸었던 게 맞나?' 자문하게 됐다.

그런데 (어리석어서건 두려워서건) 외면했던 진실을 대면한다는 것은, 마치 추운 겨울 산을 헤매다가 목이 타서 얼어 있는 시냇물의 얼음을 깨고 차가운 물 한 모금을 마시는 것과 비슷하다. 얼어 죽을 것 같은 추위에 대한 두려움을 넘어서서 용기를 내 얼음장을 깨고 뼛속까지 시리게 할 것 같은 그 차가운 물을 마시는 순간, 내장은 물론 머릿속까지 짜릿하게 깨어나는 잔인한 통쾌함 같은.

우리는 소박한 꿈을 꾼 것이 아니었다.
그저 내 가족 잘 살면 되고 내 욕망에 충실해서 권력을, 돈을, 명예를 탐하는 그런 꿈에 비해 말도 안 되게 거창한, 세상을 바꾸겠다는 꿈을, 아니, 더 솔직히 말하면 깜냥에도 안 맞게 세상을 바꾸려는 '욕심'을 부리고 있었던 거다. 또한 내가 쓰려고 하는 이야기의 주인공도 망해 가는 나라의 한없이 나약한 천민 주제에 세상을 바꾸려는, 깜냥에 안 맞는 욕심을 부렸던 거다.
'그래서 그렇게 힘들었구나……. 그래서 헤매고 있었던 거였어.'
그런데 문제는 단지 현실에서 이루지 못한 이야기라서가 아니라, 알고 보면 나조차 믿지 않는 불가능한 꿈을 시청자에게 가능한 꿈으로 믿게 하려는 '허황된 거짓말'임을 내가 알아 버렸단 거였고, 결국 나는 지혜로운 인디언처럼 달리던 말을 멈춘 게 아니라, 이야기를 멈추게 되어 버렸다.

사실, 내가 준비하고 있던 이야기는 영웅에 대한 새로운 해석을 담고 있던 것이었다. 그즈음 나는 정치적 아버지를 잃은 후였고, 그분 같은 영웅을 찾고 바라기만 한 자신을 반성하고 있었던 마음의 반영이 아니었나 싶다. 그런데 머리로 거짓 희망을 만들 순 있지만 진실로 세상을 바꿀 수 있다는 믿음은 없었음을 알아차리게 되니 더 이상 쓸 수가 없었던 것이다.

내가 어릴 적, 처음 만난 영웅들은 대부분 미국에서 건너왔다. 슈퍼맨이 지구를 구하고, 배트맨이 고담시를 구하고, 스파이더맨이 뉴욕을 구하고, 심지어 굴착 기술자가 (뉴욕 크기의 소행성이 지구와 충돌하는 것을 막아) 지구를 구하는 동안 나는, 그들의 존재로 인해 안전하게 살 수 있다는 안도감으로 감사해야 하는지 아니면 그들이 대한민국에 없어서 불안해해야 하는지 헷갈렸다. 그들의 초능력을 동경하면서 동시에 열등감을 느꼈다. 하지만 조금 더 자라 사춘기가 되면서는 살짝 기분 상했던 것 같다.

"아니, 미국은 왜 맨날 지구를 지키고, 지구의 정의와 평화를 수호하겠다고 자처하는 거야?"

사춘기는 여드름만 자라는 게 아니라 '자아'도 자라는 시기라서 그랬겠지만 하여튼 그때 이후 지금까지도 '영웅'에 대한 거부감이랄까, 우리는 우리가 알아서 지킬게, 하며 당당하게 말하고 싶은 욕구가 내 속에 있었던 거 같다. 아니, 심지어 "우리도 지구를 지킬 수 있는 거 아니야?"라고 할리우드 영웅들의 오지랖 속에 숨은 미국의 의도를 의심하며 그들과는 다른 영웅 이야기를 하고 싶었던 거였다. 그런데 내가 나도 믿지 않는 거짓 희망을 쓰고 있었음을 알게 되었으니 눈 질끈 감고 "현실에서 불가능한 꿈도 꿀 수 있는 거 아냐?" 하며 뻔뻔하게 쓰고만 있을 수 없는, 뼈아픈 부끄러움과 좌절의 시간을 보내게 된 것이다.

그러던 중 어느 현자를 만나게 되어 나의 고민을 말했더니 그분이 물끄러미 날 보다가 물었다.

"착한 개와 나쁜 개가 싸우면 어떤 개가 이길까요?"

나는 착한 개가 이겨야 하는데 세상은 나쁜 개가 이기는 것 같다고 말하고 싶었지만 입을 열지도 못하고 은근히 분한 얼굴로 그분을 쳐다만 보았다. 그러자 그분은 마치 내 마음을 꿰뚫어 보듯 말했다.

"나쁜 개가 이기는 것이 아니라, 강한 개가 이깁니다. 이기고 싶으면 강해져야 하는 것이지요. 그렇다면 달리 질문해 보겠습니다. 한 인간이 세상을 바꿀 수 있습니까?"

난 이미 불가능하다는 좌절을 맛보고 있던 터였지만 마지막 실 오라기를 잡듯 그렇게 되었으면 좋겠다고 했고, 그분은 짧은 호흡을 내뱉듯 말했다.

"그것은 불가능합니다."

이미 알고 있었지만 받아들이기는 쉽지 않은 답이었다. 하지만 그분은 말을 이었고, 그분의 말을 요약하자면 이런 것이었다. 세상이 란 것은 나 하나로 구성된 것이 아니라 수많은 사람들, 나와 생각이 다르고 입장과 처지가 다르고 경험이 다른 수많은 사람들로 구성된 곳이다. 그래서 나 하나가 세상을 바꿀 수 있다는 생각 자체가 욕심이 라고. 하지만 '내가 바뀌면' 이미 세상은 바뀌어 있다고. 그것은 마치 선글라스를 끼고 세상을 바라보다가 그저 선글라스만 벗어도 세상의 빛깔이 달라지는 것과 같다고. 그리고 선글라스를 벗고 보는 그 달라 진 세상에서 내 행동이 바뀌면 내가 정말 바뀌기 시작할 것이고, 그러 면 주변 사람들의 반응도, 내 주변의 상황도 바뀔 것이며, 그렇게 주 변이 바뀌기 시작하면 결국 세상은 바뀔 것이라고.

그러고 보면, 함석헌 옹께서도 혁명이 실패하는 요인을 '혁명의 개별자가 혁명되지 않은 채 혁명하려 했기 때문'이라고 말씀하셨다 한다. 세상을 바꾸려는 허황된 '욕심'이 이룰 수 있는 '꿈'이 되려면 결 국 '자기로부터의 혁명'이 그 시작점임을 새기고 부단한 노력으로 나부터 바꾸어 가야 한다는 것을, 그렇게 '강해져야 한다'는 것을 그 현자 또한 이야기한 것이리라. 그렇게 나는 다시 내 드라마의 주인공이 서야 할 시작점을 찾았고 언젠가는 내가, 그 글을 쓸 자격을 갖출 수 있도록 다시 노력해야 함을 알게 되었다.

사실 우리는 이미 드라마의 주인공이 어떤 사람이 되어야 하는지 알고 있다. 말하자면 내 인생에서 내가 주인이 되는 것이 어떤 것인지 알고 있는 것이다. 그래서 때로 드라마의 주인공이 주인공답지 않은 행동을 하거나 공감이 되지 않을 때 오히려 극 중 다른 인물이 '주인공다운 행동과 공감'을 주면, 시청자는 주인공이 아닌 다른 인물에게 열광하게 되고, 점점 공감 가는 다른 인물의 비중이 늘어나기도 한다.

오래전 〈스타일〉이란 드라마에서도 패션 잡지 말단 기자인 여주인공이 자신이 맡은 일을 처리하기 위해 출장을 간 상황에서 자신을 배신한 남자가 다른 여자와 놀러 온 걸 알게 된다. 여주인공이 그놈을 잡으러 가느라 할 일을 내팽개쳐 회사에 손해를 끼치고, 지난밤 상사의 책상에 철없이 던지고 간 사표를 찾으러 급히 가는 도중에도 명품 가방에 꽂혀 백화점 쇼윈도에 립스틱으로 커다랗게 하트를 그리느라 정신을 못 차리는 '국민 민폐녀'가 될 때, 시청자는 불편함을 느끼고 주인공에게 몰입하기를 거부한다.

　적어도 주인공이 되려면 자신의 깜냥에 과한 욕심을 부리지 않고 자신의 부족함에 '솔직'해야 하고, 자신 앞에 놓인 현실을 탓하고만 있지 않고 '당당하게' 부단하게 '인내'하며 자신이 한 일에 '책임'을 지고 '노력'하는 존재라야 한다. 그래서 나는 드라마를 쓰려는 학생들에게 주인공의 필수 덕목인 '솔직하고, 당당하고, 인내하는' 캐릭터로 행동하도록 써야 한다고 말한다. 그것은 단지 드라마에서만이 아니라 현실 생활에서도 내 인생의 주인이 되는 사람으로 살아가는 기본적인 덕목이다.

　〈러브액추얼리〉에 나오는 '아우렐리아'도 그런 여성이었다. 비록 현재의 자신은 하녀 같은 허드렛일을 하고 있지만, 사랑하는 소설가의 원고가 연못에 빠지자, ("어머, 어떡해요." 하며 우물쭈물 연약한 표정을 짓고 있기보다는) 거침없이 옷을 벗고 물에 뛰어들어 원고를 건지면서 "이 소설이 우리 할머니도 쓸 수 있는 시원찮은 거면 안 되는데……."라며 자신의 자존감을 갖고 당당하게 행동하고, 신분 상승을 위해 사랑을 구걸하는 일 따위에 매달리기보다는 외국어를 배우고 자신의 발전을 위해 절제하고 노력하는 캐릭터였다.

　전 국민의 사랑을 받은 드라마 〈대장금〉의 '장금'도 어머니의 유언을 받들어 자신이 이루어야 할 목표를 향해 호기심 가득한 눈빛으로 배우고 부딪히며 온갖 고난에 맞서면서도 결코 도망치거나 얕은 수를 쓰지 않고 당당하게 노력하는, 자기 인생의 주인공이었다.

그리고 시청자는 드라마 주인공의 '적'으로 흔히 등장하는 캐릭터들(자신의 진심과 능력을 솔직하고 냉정하게 바라보지 않고, 욕망의 노예가 되어 권력을 탐하며 악행을 저지르는 악한이 되거나, 재벌 아들의 사랑을 얻으려고 수단과 방법을 가리지 않는 악녀가 되어 주인공을 고난에 빠지게 하고, 인간의 부끄러운 면들을 뻔뻔하게 구현하는 캐릭터들)이 거대해질수록, 극단적일수록 크게 분노하며 주인공을 응원하고 주인공과 함께 고통을 견디고 이겨 내며 주인다운 삶이 무엇인지 학습하게 된다.

또한 드라마를 통해 고단한 내 삶의 실패 속에서도 희망을 얻고 내 인생의 주인공이 될 수 있음을 적어도 '상상'할 수 있게 되는 것이다. 물론 현실로 돌아오면 여전히 변한 것 없는 자신과 세상을 보게 되는 좌절을 맛보기도 하겠지만, 주인공이 된다는 것이 결국 거대한 적과 맞설 용기를 가지지 않고는 불가능한 것임은 알게 되었을 것이기에 현실을 회피하지 말고 바라보아야 한다는 것을 깨닫는 것이다.

그렇다면 지금 우리는 어떤 모습인가? 가족은 붕괴되고, '철밥통' 같은 직장은 사라지고, 심지어 '인본'주의는커녕 '나를 잃고' 자본의 노예가 되어, 어떻게 살아야 할지 막막한 '자본'주의의 극단, 벼랑

끝을 향해 달려가는 브레이크 없는 열차에 우리는 함께 올라타 있다. 그것도 빈부, 학벌, 외모 등의 차별로 인한 갈등은 물론 지역, 이념의 갈등이 첨예화된 지구 유일의 분단국가, 그런 시간적·공간적 배경 속에서 나는 어떻게 주인공의 삶을 살아야 할지, 인디언이 달리던 말을 잠시 멈추고 내려서 영혼을 기다리듯 돌아보아야 한다. 그리고 브레이크 없는 열차의 문을 열고 뛰어내리는 용기를 내야 한다. 혹시 여전히 두렵다면 현자의 전언을 기억하자.

〈두려움에 빠지면

두려움을 벗어난 후, 용기를 내는 게 아니다.

두려움을 안고 하는 거다. 그것이 용기다.〉

김윤영

드라마 작가이다. 방영된 드라마로는 MBC에서 방송한 청소년 드라마 〈나〉, SBS의 〈카이스트〉와 저녁 일일 드라마인 〈미우나 고우나〉가 있다. 그리고 KBS의 〈학교 2〉와 아침 드라마 〈두근두근달콤〉 등이 있다.

그가 그립다

정철

꺾고 싶다

날개에
대한
지나친 고찰

　왜 내 몸엔 날개가 달려 있을까? 양쪽 어깨에 붙은 이 한 세트의 용도는 도대체 무엇일까? 하느님 성격에 쓸모없는 물건을, 그것도 두 개씩이나 붙여 놓았을 리는 없고, 분명 무슨 특별한 사연이 있을 텐데 그게 뭘까? 위아래로 빨리 움직여 볼까? 퍼덕거려 볼까?

　만약 새들이 이런 질문을 하지 않았다면 세상은 어떻게 바뀌었을까? 질문을 하지 않으니 답도 찾지 못했겠지. 답을 찾지 못한 새들은 날개를 손이라 결론 내렸겠지. 손가락이 없어 조금 섭섭한 손이라 생각했겠지. 때론 먹이를 주고받고, 때론 박수치고, 때론 턱을 괴고 사색하는 데 이 두 개의 날개를 사용했겠지. 날개를 단정히 접고 두 발로 걷는 자신이 인간과 가장 닮은 동물이라 믿었겠지. 주말이면 인간과 나란히 교회나 성당에 앉아 두 날개를 모아 기도하는 자신의 모습을 당연하게 여겼겠지. 여자 새들은 날개 끝에 빨갛고 파란 매니큐어를 칠하고 다녔을지도 모르지. 어쨌든 날개의 용도에 대해 고민하지 않았으니 모든 새들이 땅 위를 아장아장 걸어 다녔겠지.

도로는 인간보다 훨씬 더 많은 새들로 북적거렸겠지. 참새! 짹짹! 같은 소리가 들려 뒤돌아 보면, 유치원 아이들이 아니라 노란 옷을 입은 진짜 참새들이 한쪽 날개를 위로 치켜들고 줄지어 길을 건너고 있었겠지. 하지만 인간이라는 동물이 새의 안전 따위를 걱정해 자동차라는 물건을 포기할 리는 없었겠지. 타조의 보폭을 따라가지 못한 참새들이 건널목을 한 번에 건너지 못해 자동차에 자꾸 당했겠지. 도심에는 참새구이집이 늘어났겠지. 참새들은 목숨을 건 집단시위에 나섰겠지. 물대포는 사람들을 제압하는 데 써야 하니 그것으로 참새들을 겨냥할 수는 없었겠지. 급한 대로 전투경찰 옷을 입힌 허수아비 몇 개를 동원했겠지. 하지만 그것으로 참새들의 분노를 막을 수는 없었겠지. 결국 참새용 신호등이 따로 세워졌겠지. 몸집이 작은 뱁새나 동작이 느린 오리도 그들만의 신호등을 얻어 냈겠지. 생명이 있는 모든 것들이 땅 위에서 바글거렸을 테니 지구가 지금보다 훨씬 더 복잡해졌겠지.

어떻게든 교통이 되게 하려고 세상의 땅 90퍼센트를 도로로 흡수했겠지. 강이란 강은 다 매립해 그곳에도 도로를 냈겠지. 강 낚시가 사라졌겠지. 민물매운탕집도 사라졌겠지. 도로가 늘어 그럭저럭 교통은 됐겠지만 주거 공간이 크게 줄었겠지. 내 집 한 칸 갖기는 더 어려워졌겠지. 로또가 시들해지고 주택복권이 다시 전성기를 누렸을 것이고, 주택은행이 다시 제 이름을 돌려받았겠지. 아파트는 도로의 압박 때문에 위로, 위로 향했겠지. 하늘 높은 줄 모르고 800층, 900층까지 치솟았겠지. 100층짜리 아파트는 저층 아파트라 불리었겠지. 63빌딩은 아이들 장난감이 되었겠지. 잠실 제2롯데월드는 쪽팔려서 공사를 포기했겠지.

가끔 900층 아파트의 엘리베이터가 고장 났겠지. 직장에서 퇴근한 엄마, 아빠가 걸어서 900층까지 올라가면 초인종 누를 새도 없이 다시 출근해야 했겠지. 귀가를 포기하는 주민들이 늘어났겠지. 그들을 잡아먹으려고 아파트 1층에서 100층까지는 호텔이 들어섰겠지. 집을 머리 위에 두고 호텔에 묵어야 하는 사람들이 울상을 지었겠지. 비싼 숙박비 내느라 그들의 가정경제도 울상을 지었겠지. 엘리베이터 고장에 한두 번씩 당한 중국집이나 피자 가게도 배달을 집어치웠겠지. 청년들도 아르바이트 자리가 줄어 울상을 짓고 다녔겠지. 오토바이 공장도 하나둘 문을 닫았겠지. 타이어 공장도 문을 닫았겠지. 고무 공장도 문을 닫았겠지. 거리는 실업자들로 넘쳐 더 복잡해졌겠지.

그가 그립다

새가 하늘을 나는 것을 보고 발명했다는 비행기라는 물체도 태어나지 않았겠지. 라이트형제는 코카콜라 라이트를 개발했거나, 한국으로 건너와 뉴라이트라는 단체의 초대 회장 따위나 했겠지. 비행기가 없으니 스튜어디스라는 직업도, 낙하산이라는 물건도 태어나지 않았겠지. 스튜어디스인지 스튜디어스인지 더 이상 헷갈리지 않아도 되었겠지. 낙하산 타고 공기업에 슬쩍 들어간 사람들은 모두 원위치해서 집에서 놀았겠지. 〈에어포스원〉이라는 영화도 만들어지지 않았을 테니 해리슨 포드도 집에서 놀았겠지. 〈탑건〉이라는 영화도 만들어지지 않았을 테니 톰 크루즈도 집에서 놀았겠지. 가끔 서로 통화하고 안부 물으며 놀았겠지. 해리슨 포드가 서부영화에라도 출연해야겠다고 하면, 톰 크루즈는 만화영화에라도 출연해야겠다고 했겠지. 집은 부족한데 집에서 놀아야 하는 사람들은 갈수록 늘었겠지. 집도 북적, 거리도 북적, 세상은 온통 실업자들로 북적거렸겠지.

우리 정부는 위기는 기회다, 하면서 주먹을 불끈 쥐었겠지. 어깨에 힘이 잔뜩 들어가 일자리 만든다고 호들갑을 떨었겠지. 옷 잘 입는다는 이유 하나로 대통령의 총애를 받는 복지부 장관이 앞장서서 팔을 걷어붙였겠지. 걷어붙인 그녀의 팔뚝엔 '복지부동'이라는 문신이 선명하게 새겨져 있었겠지. 대책 없는 대책들을 쏟아 냈겠지. 새로운 대책을 내놓을 때마다 새로운 옷을 선보이는 패션쇼가 펼쳐졌겠지. 대통령은 각료 회의 때마다 누군가 적어 준 복지부 칭찬을 그대로 읽었겠지. 한 번은 영어로, 한 번은 불어로, 또 한 번은 중국어로 읽었겠지. 모든 부처가 복지부를 부러워했겠지. 모든 부처가 복지부를 흉내 내기 시작했겠지. '교육부동', '법무부동', '노동부동' 같은 문신들이 차례로 공무원들의 팔뚝을 장식했겠지.

조폭들의 고민이 깊어졌겠지. '一心'이라는 문신을 이젠 지워야 할 것 같은데, 대신 새겨야 할 문장을 찾지 못해 회의를 했겠지. '주먹부동', '선빵부동', '사시미부동' 같은 낱말들이 쏟아져 나왔겠지. '一心'처럼 한자로 새겨야 유식해 보일 텐데, 주먹이나 선빵, 사시미를 한자로 쓸 수 없어 고민했겠지. 한자 좀 안다는 일본 야쿠자나 홍콩 조폭의 자문을 구하자는 의견이 나왔겠지. 비행기가 없으니 자문단은 일본에서 홍콩에서 배를 타고 출발했겠지. 그들을 기다리느라 회의가 길어졌겠지. 지금도 하고 있겠지.

기업에서도 학교에서도 실력과 감각을 모두 갖춘 문신사를 구하지 못해 아우성쳤겠지. 문신사라는 일자리 하나는 엄청나게 늘었겠지. TV 뉴스 앵커는 그래프를 보여 주며 단군 이래 일자리 창출에 성공한 최초의 정부라는 칭찬을 침이 마르도록 했겠지. 대통령 하나 잘 뽑아 마침내 국운이 상승하기 시작했다는 말을 엉엉 울면서 반복했겠지. 침도 마르고 눈물도 말랐겠지. 하지만 조금만 더 침과 눈물이 마르면 청와대 대변인으로 자리를 옮길 수 있다는 생각에 조금도 힘들지 않았겠지. 대통령 곁에 바짝 붙어 앉아 뉴스를 보던 복지부 장관은 일

기예보가 나올 때쯤, 복지부 장관이야말로 진정한 일자리 장관이라는 대통령의 칭찬을 들었겠지. 이번엔 새로 맞춘 한복 단정히 차려입고 들었겠지. 두 한복이 나란히 서서 사진도 한 장 찍었겠지. 복지부 장관이 알아서 조금 앞으로 나가 대통령의 얼굴을 작게 만들어 줬겠지.

대학에선 문신학과가 인기를 끌었겠지. 노량진 학원들은 죄다 문신학원으로 바뀌었겠지. 초등학생들에게 꿈을 물으면 하나같이 문신사라고 대답했겠지. 걸 그룹 하겠다는 아이는 없고 걸 그룹 문신 그려 주는 일을 하고 싶다는 아이들은 넘쳐 났겠지. 문제는 한자 공부를 소홀히 한 일부 성균관 유림들이었겠지. 이들은 배를 툭 내밀고 길거리를 몰려다니며, 역시 문신이 이 나라를 구한다고 떠들었겠지. 다시는 이 나라가 무신의 총칼에 놀아나는 일이 없어야 한다고 거침없이 떠들었겠지. 성균관 훈장님들이 그 문신이 그 문신 아니라고 소리치며 그들을 쫓아갔겠지만 때는 늦었겠지. 이미 그들의 목소리가 대통령의 귀에 들어갔겠지. 난리가 났겠지. 이 나라는 5·16혁명 이래 무신이 키운 무신에 의한 무신을 위한 무신의 나라라는 신념을 지닌 대통령은 본능적으로 어떤 위기감 같은 것을 느꼈겠지. 갑자기 문신이라는 말이 두려워졌겠지. 문신의 힘이 더 커지기 전에 조기 진압에 나섰겠지.

먼저 문신금지법을 선포했겠지. 선포일은 가능하면 10월이 좋앗겠지. 문신금지는 헌법과 정면충돌하는 거라고 주장하는 법학자들은 조용히 자리에서 물러나야 했겠지. 복지부 장관은 그날부터 각료회의 때마다 한쪽 구석에서 두 손 들고 서 있었겠지. 물론 양쪽 팔과 소매 디자인에 신경 쓴 새로운 옷을 여러 벌 준비해 매일 갈아입었겠지. 결국 문신파동은 찬란한 유신 역사의 재방송으로 이어졌겠지. 문신학과와 문신학원은 하루아침에 문을 닫았겠지. 문신사들도 작업실 문을 닫고 대학로로 몰려나왔겠지. 길거리에 의자 하나씩 달랑 놓고 앉아 화가인 척하며 연인들의 얼굴을 그렸겠지. 연인들은 새로운 터치라며 좋아했겠지. 연예계도 문신 때문에 발칵 뒤집혔겠지. 젊은 가수들 대부분이 문신을 한 터라 음악 무대에 오를 가수 찾기가 어려웠겠지. 문신을 하지 않은 가수들이 나온다는 가요 무대가 유일하게 텔레비전 방송을 탔을 것이고, '굳세어라 금순아'는 8주째 인기가요 1위를 질주하고 있겠지.

민간인들도 크게 다르지 않았겠지. 이미 팔뚝에 지워지지 않는 문신을 새겨 버린 사람들은 여름에도 긴팔을 입어야 했겠지. 더웠겠지. 참았겠지. 참지 않으면 팔뚝이 잘려 나갈지도 모르니 도리가 없었겠지. 수영장도 목욕탕도 파리를 날렸겠지. 아니, 파리도 날개 접고 걸어 다녔을 테니 목욕탕과 수영장 바닥에 파리가 득실거렸겠지. 바퀴벌레와 피 터지는 영역 싸움을 벌였겠지. 목욕탕과 수영장 주인도 더웠겠지. 참았겠지. 참지 않으면 그날로 문을 닫아야 했을 테니 도리가 없었겠지. 팔을 걷어붙여야 하는 헌혈차 타는 사람도 없었겠지. 갈수록 피가 부족했겠지. 부족한 피는 모두 예비군 훈련장에서 충당해야 했겠지. 예비군 연령 제한이 폐지되었겠지. 팔순 노인도, 직장마다 피가 끓어 드높은 사기, 예비군가를 합창하며 도저히 끓을 것 같지 않은 피를 갖다 바쳐야 했겠지. 국민의 불만이 갈수록 높아졌겠지. 세상이 거꾸로 간다며 이 땅의 미래를 걱정하는 소리가 함성이 되었겠지. 그 함성을 그대로 보도한 신문이 있었겠지. 물론 그런 신문을 그대로 두지 않았겠지. 신문을 뒤집으면 문신이라며, 일보 아닌 신문들은 모조리 폐간시켰겠지. 세상엔 조선일보, 동아일보, 중앙일보, 이렇게 일보 세 개만 살아남았겠지. 동문신년회, 남대문신사, 주문신속배달 같은 아무 상관 없는 용어들도 그 속에 문신이라는 단어가 간첩처럼 몸을 숨기고 있다며 금지어가 되었겠지.

문신의 인기가 오히려 무신 우상화의 빌미를 주었겠지. 무력으로 정권을 잡은 몇몇 무신의 동상이 세워졌겠지. 선글라스를 낀 무신도 있고, 머리가 벗겨진 무신도 있었겠지. 친구 따라다니다 생각지도 않은 정권을 손에 쥔 보통 사람 무신도 있었겠지. 하지만 800층, 900층 하는 아파트숲 속에 솟은 동상은 소꿉놀이 같았겠지. 무신 선배들을 하느님과 동격으로 생각하는 대통령이 이를 그냥 두지 않았겠지. 1천 층 높이의 동상 설립 5개년 계획이 세워졌겠지. 팔순 예비군이 또 호출되었겠지. 어제의 용사들이 다시 뭉쳤다, 노래를 부르며 공사현장으로 달려가야 했겠지. 하지만 국민의 불만은 1천 층 높이를 뚫고 하늘에 닿았겠지. 일자리 달라는 불만, 숨 좀 쉬고 살자는 원성, 반팔 셔츠 좀 입자는 아우성이 하느님의 귀에 닿았겠지. 낮잠 자던 하느님이 깜짝 놀라 깼겠지. 하느님은 이 땅을 내려다보며 혀를 찼겠지. 당신이 너무 오래 낮잠 잤다는 것을 깨닫고 머리를 긁적거렸겠지.

혼돈.
혼란.
혼선.
혼탁.

새들이 '왜?'라고 묻지 않았다면 세상은 이렇게 뭐가 뭔지 모르는 세상이 되었을 것이고, 하느님까지 머리를 긁적거리게 하는 사태를 초래했겠지. 우리가 그나마 숨이라도 쉬며 살고 있는 건, 순전히 새들이 '왜?'라고 물었기 때문이지. '왜 내겐 앞다리 대신 날개가 달려 있을까?' 물으며 수없이 지붕 위에 올라 뛰어내렸기 때문이지. 그런데 '왜?'라는 이 질문. 어깨 축 늘어뜨리고 한숨이나 주고받으며 이 시대를 살아 내고 있는 우리가 던져야 하는 질문이 아닐까? 왜 우리는 지쳤는지, 왜 희망은 보이지 않는지, 왜 그들은 그렇게 강고한지, 왜 우리끼리 손가락질하며 살아야 하는지 물어야 하는 게 아닐까? 새들에게 묻는 법을 배우고, 지붕 위에서 뛰어내린 그 용기를 배워서라도 물어야 하는 게 아닐까?

그래, 물어야지. 종교인은 기도로 물어야지. 교육자는 칠판에 물음표를 그려 가며 물어야지. 시인은 송곳처럼 날카로운 단어로 묻고, 소설가는 아주 깊게 또 아주 길게 묻고 늘어지며 물어야지. 영화인은 대사로 묻고, 음악인은 가사로 묻고, 무용가는 온몸으로 물어야지. 정치인도 물어야지. 다만 정치인은 자기가 묻고 자기가 대답하는 이제까지의 그 뻔한 방법 버리고 새로운 방법으로 물어야지. 그게 뭔지 모르겠다면 어제까지 했던 방법과 정반대로만 하면 되지. 나는 내가 가장 잘할 수 있는 방법으로 묻고, 너는 네가 가장 잘할 수 있는 방법으로 묻고. 이 땅에 사는 우리 모두가 그렇게 치열하게 물어야지.

그런데 누구에게 묻지? 물론 낮잠 자다 깬 하느님에게 물어야지. 하늘을 향해 고개 들고, '왜 그러셨어요? 왜 그렇게 오래 주무셨어요? 수면제라도 드셨어요?' 추궁하듯 물어야지. 물론 하느님도 가끔 낮잠을 자지. 낮잠 자느라 챙겨야 할 일을 못 챙기기도 하지. 그래서 재수 없는 나라에서는 선거 결과가 바뀌기도 하고, 정치, 경제, 사회, 문화가 온통 혼란에 빠지기도 하지. 그러나 하느님은 낮잠에서 깨면 잠자느라 챙기지 못한 이것저것들을 챙기시지. 넬슨 만델라 때도 그랬지. 낮잠 자다 만델라가 옥에 갇혔고, 나중에 이를 대통령이라는 자리로 되돌려 놓으셨지. 하지만 가만히 손 놓고 있어도 다 알아서 챙겨 주시는 건 아니지. '왜?'라고 묻지 않으면 하느님도 뭉그적거리다 때를 놓쳐 버리기도 하지. 그래서 묻고 묻고 또 물어야지. 대답이 들릴 때까지 물어야지.

인류의 역사가 조금씩이나마 앞으로 나아가고 있는 건 영웅 한두 사람의 힘이나 예지 덕분이 아니지. 누군가의 입에서 나온 '왜?'라는 질문 덕분이지. 체념과 포기를 허물고 그 위에 새로운 희망을 세우고 말겠다는 의지, 나태와 두려움을 치우고 그곳에 사람 사는 세상을 만들고 말겠다는 각오가 바로 '왜?'라는 질문이지. 나라 전체가 뒤로 돌아 앞으로 가고 있는 바로 지금이 '왜?'라는 질문을 던질 때지. 하느님과 직접 소통하고 역사와 직접 소통하겠다는 자세가 절실히 필요한 때지. 소통 방법은 여전히 '왜?'라고 묻는 것이지. '왜?'라는 질문 하나하나가 새처럼 파닥파닥 날아올라 우리의 이 슬픈 하늘, 이 아픈 시대를 가득 메울 때까지 질기게 끈질기게 묻는 것이지.

정철

절반은 카피라이터, 절반은 작가이다. 고려대학교 경제학과를 졸업하고 30년 가까이 광고 카피를 써 오고 있으며 지금은 '정철카피' 대표로 있다. 지은 책으로는 《내 머리 사용법》《불법사전》《머리를 9하라》《인생의 목적어》《나는 개새끼입니다》 등이 있다.

조국

찾
고
싶
다

호모
엠파티쿠스

내가 어릴 때만 해도 경상도에서 태어난 공부 잘하는 장남의 운명은 대략 정해져 있었다. 그 시절에는 자신의 꿈 따위는 그다지 중요하지 않았다. 게다가 장남으로 태어난 아이는 마치 숙명이랄까, 집안의 대를 이어야 하는 것은 물론이고 모든 가족이 평온한 삶을 살 수 있도록 헌신해야 하는 의무까지 짊어져야만 했다. 특히 공부 잘하는 장남이라면 이른바 '사(士)' 자가 들어가는 직업이나 출세를 꿈꾸는 게 당연한 일로 여겨졌다. 실제 나의 고등학교 생활기록부의 장래 희망란에는 '판사'라고 적혀 있다. 서울대 법대에 입학한 나는 이런 기대로부터 자유로울 수 없었다. 대학에 합격하자마자 주위에서는 내 인생의 다음 무대를 이야기하고 있었다. 판사나 검사가 되어 '영감'의 호칭을 들어야 하는 게 수순이었다. 그러나 나는 그 길로 가지 않았다. 1980년대 초 군사독재 시절 대학을 다닌 많은 사람들처럼 농촌활동, 빈민활동, 반독재 시위 참여 등의 길을 택했다.

그런 선택을 하게 된 정신적·심리적 이유의 뿌리를 찾아가면 어린 시절 뇌리에 박힌 몇몇 장면들이 나타난다. 초등학교 저학년 때였는데, 우리 동네에 지능이 떨어지는 형이 한 명 있었다. 어릴 적 동네마다 볼 수 있었다는 이른바 '바보 형'이었다. 덩치는 큰데 머리는 모자라니 철없는 동네 아이들 입장에선 놀려 먹기 딱 좋은 대상이었다.

그 형의 집안 형편도 그다지 좋지 않았다. 부모님은 안 계시고 할머님께서 홀로 그 형을 키우니 하루 종일 세심하게 돌볼 수도 없었다. 휑하니 텅 빈 집보다 바깥이 좋을 수밖에 없었던 탓에 그 형은 아이들의 짓궂은 놀림에도 불구하고 매번 동네 골목에서 느릿한 황소걸음을 걸으며 놀았다.

"야! 이 바보야!"

그 형이 골목에 나타나면 아이들은 마치 약속이라도 한 듯 너도 나도 해코지 해 댔다. 그 형보다 나이가 어린 아이들도 돌멩이를 던지면서 놀려 댔다. 이런 모습을 그저 옛 추억의 한 장면으로 여기며 순진한 아이들의 골목 놀이로 넘길 수도 있다. 하지만 나는 그런 아이들의 모습에 화가 났다.

아이들은 순진하지만 잔인하기도 하다. 생각 없이 하는 행동, 생각 없이 내뱉는 말들을 그저 '순진하다'는 말로 미화하기엔 상대가 받는 상처는 쓰리고 고통스럽다. 생각 없이 던진 돌에 개구리는 맞아 죽는다지만, 상대는 개구리가 아닌 사람이다. 사람이 사람을 대상으로 이유 없이 괴롭힘을 가하는 행위는 아무리 아이라고 할지라도 결코 순진함으로 포장되어서는 안 된다. 그런데 당시 나는 그런 아이들과 적극적으로 맞서지 못했다. 단지 "느그들 그러지 마라. 와 자꾸 불쌍한 사람을 놀리노!" 정도의 말 몇 마디 던졌을 뿐이었다.

나의 말은 소용없었다. 나는 바보를 두둔하는 이상한 아이가 되어 버렸다. 이후 언제인지도 모르게 그 형은 동네에서 사라졌다. 그렇지만 왜 보통의 순진한 아이들이 그 형을 그리 잔인하게 대했는지는 오래도록 마음속 의문으로 자리 잡고 있었다. 오랜 세월이 지난 후 부산에 사는 주변 어른들에게 바보 형 소식을 물어보았다. 길거리에서 객사한 모습으로 발견되어 할머니가 장례를 치렀다고 했다.

어린아이들은 아직 세상을 제대로 이해하기엔 부족한 점이 많다. 그 나이에 수용하고 있는 '상식'이란 것에도 한계가 있다. 하지만 그것은 상식, 비상식을 떠나 부당하고 불합리한 폭력 행위였다. 그런데 인간 세상에서 이런 일은 종종 일어난다. 예를 들자면, 나치가 집

그가 그립다 ●

권하던 독일에서 수많은 아이들이 '히틀러 유겐트' 단원이 되어 유대인들에게 돌을 던졌다. 히틀러 유겐트 단원이었던 독일 아이들도 바보 형에게 돌멩이를 던졌던 아이들과 똑같이 순진무구했을 것이다. 이런 상황을 접하고 이건 아니라는 생각에 나서면 잘난 체한다는 비아냥거림을 들어야 한다. 집단의 논리에 빠져 있는 사람을 설득하기란 쉽지 않다. 하지만 순진한 집단성의 이면에 가려진 가학성과 잔인성에 대해 침묵할 수는 없다. 바보 형에 대한 기억은 내가 비합리적이고 부당한 대우를 받는 사람들의 현실에 대해 침묵하지 않고 발언하고 나서게 만드는 원초적 계기일지도 모른다.

그런데 성년이 됐음에도 저열하고 저급함을 넘어 악랄한 언동을 일삼는 사람들이 많다. 역사적인 사실마저도 왜곡하고 또 특정 지역 사람들을 마구 비하하는 일 따위를 서슴없이 저지른다. 상식이라는 기준으로 볼 때, 도저히 묵과할 수 없는 일이 버젓이 일어나고 있다. 최근 일어난 5·18광주민주화운동에 대한 악의적인 왜곡과 당시 희생자를 비롯해 수많은 호남 사람들을 비하하는 표현 등은 대표적인 예다. 5·18광주민주화운동의 희생자의 시신이 담긴 관 앞에서 통곡하는 어머니의 사진을 올리면서 '홍어 택배' 운운하는 글을 덧붙인 대구 지역 대학생의 소행을 접하고 경악했다. 현재 우리가 누리고 있는 각종 자유는 오랜 권위주의 체제를 대체한 1987년 헌법 체제 덕분이며,

이 체제는 다름 아닌 5·18광주민주화운동에 빚지고 있다. 에스파냐의 화가 프란시스코 데 고야의 판화 작품 중 〈이성이 잠들면 괴물이 나타난다〉가 있다. 이를 빌려 말하면, 이 '괴물'과 이를 불러내는 자들은 과거에도 있었고 현재에도 있으며 미래에도 있을 것이다.

유쾌하지 않은 초등학교 기억이 또 하나 있다. 1975년 초등학교 6학년 초 전교학생회장을 뽑게 되었다. 초등학교가 위치하고 있던 서대신동 토박이로 '모범생'에 속했던 나에게 담임 선생님은 출마를 권유했다. 그런데 6학년 초 새로이 전학 온 친구가 출마를 선언했다. 그런데 이 친구는 당시까지 전혀 접하지 못한 선거운동을 전개했다. 딱지를 수백 장 사서 그 뒷면에 자신의 이름과 기호를 적어 교문 앞에서 학생들에게 돌린 것이다. 나는 황당하다 못해 분노했다. 귀가하여 부모님께 이 일을 알렸더니, 두 분 다 혀를 차셨다. "어른들이 하는 짓 똑같이 하는구먼!" 하시면서. 사실 1970년대 공직 선거는 돈과 조직으로 승패가 갈렸다. 선거 결과 이 친구가 회장으로 당선되었다. 나는 부회장이 되었다. 이 친구의 '획기적' 선거운동 방식은 아마도 그의 부모님에게서 나왔을 것이다. 이후 어머니와 이 친구의 어머니가 언쟁을 벌였다는 얘기를 들었다. 어린 시절이었지만 '이건 아니다'란 생각이 들었다. 돌이켜 보면, 불공정에 대한 분노는 본능적인 것이 아닌가 하는 생각이 든다.

한편 고등학교 진학을 앞둔 1978년 대신중학교 3학년 때였다. 같은 반으로 친하게 지냈던 친구가 있었는데, 그 친구가 상업고로 진학한다는 이야기를 들었다.

"니는 왜 상고를 가노?"

"몰라서 묻나?"

"……."

당시의 나는 중학교를 졸업하고 인문계 고등학교에 진학하여 대학생이 되는 것을 당연한 수순으로 여기고 있었다. 그러니 그 친구의 선택을 의아하게 여겼던 것이다.

"돈이 없어서 못 가는 거제!"

굳어진 표정으로 무뚝뚝하게 쏘아붙이는 친구의 말에 나는 그제야 내가 친구에게 큰 실수를 했음을 깨달았다. 이후 한동안 내 머릿속엔 다음과 같은 의문이 사라지지 않았다.

'공부도 잘하고, 공부하는 것도 좋아하는데 왜 돈이 없어서 상고를 가야만 하는 거지?'

그리고 주변의 친인척 중 머리가 좋음에도 상고나 공고를 선택해야 했던 어른들의 삶을 상상해 보았다. 친구의 뜻과는 무관하게 집안 형편이 안 좋아서 인문계를 포기해야 한다는 현실은 내게 이 세상에 부조리함이 존재한다는 사실을 깨닫게 해 주었다. 그때부터 나는 조금씩 세상에 대한 고민을 하기 시작했다. 누군가에겐 당연하게 주어지는 것들이 또 다른 누군가에겐 그저 바라만 보아야 하는 것이 될 수 있는 세상. 그것은 세상을 얼마나 성실히 열심히 사느냐와는 또 다른 차원의 문제였다.

오랜 세월이 지난 후 노무현 후보가 대통령 선거에 나섰을 때는 물론, 대통령에 당선된 이후에도 반대 정파의 사람들은 노무현을 대학도 나오지 못한 사람이라고 멸시하고 조롱했다. 대표적으로 전여옥 대변인의 발언이 있다.

"다음 대통령, 대학 나온 사람이 돼야 한다. 노무현 대통령은 대학 못 나온 콤플렉스를 가지고 있다. 고졸 대통령 노무현이 싫다. 나는 대통령이 대학을 다니지 않은 경험이 있는 것이 적절하지 않다고 생각한다. 하지만 박근혜 대표는 대학을 졸업해서 정치를 관망하는 시각이 탁월하다. 대졸자들은 큰 그림을 보는 데 타고난 천성이 있는 것 같다. 하지만 고졸자 대통령은 언행이 거칠고 역할이나 임무 수행에 문제가 많이 있다."

노무현은 1975년 당시 60명만 뽑는 사법시험에 합격한 수재였음에도 대학 졸업장이 없다는 이유로 차별받았다. 이 소식을 들을 때 나는 상고를 가야 했던 그 친구를 떠올렸다. 한국 경제가 '개발도상국' 수준이었고 국민 다수에게 대학 교육은 자기와 먼 이야기였던 시절,

대학을 갈 수 있다는 것은 단지 그 개인의 성실함과 우수함 때문만은 아니었다. 이를 외면하고서 당시 대학 진학을 엄두도 못 내고 다른 삶의 경로를 택해야 했던 수많은 사람들을 무시하는 것은 오만 중의 오만이다.

세상과 인생은 동화 속 낭만으로 가득 차 있지 않다. 어린 시절도 마찬가지다. 순수, 아름다움, 희망, 환상, 구원만을 기대하는 사람은 자신의 기대만큼 아름답지 못한 현실을 직면하면 질끈 눈감아 버리고 만다. 그렇게 하나둘씩 눈을 감아 버리는 세상에서 '해피엔딩'은 있을 수 없다. 크리스마스에 산타클로스는 오지 않는다는 것을 인정하면서부터 아이는 어른이 되어 간다. 세상과 인생은 동화처럼 흘러가지 않는다는 것을 인정하면서부터 우리는 현실의 모순과 역설에 눈뜨게 되고 세상에 대한 고민을 시작하게 된다.

어린 시절 겪은 이런 경험은 내가 어른이 된 후부터 진보적 지식인으로 살아가는 데 있어 진한 거름이 되었다. 나이가 들어 러셀의 말을 접했을 때 가슴이 찡했다.

"사랑과 지식은 나름대로의 범위에서 천국으로 가는 길로 이끌어 주었다. 그러나 늘 연민이 날 지상으로 되돌아오게 했다. 고통스러운 절규의 메아리들이 내 가슴을 울렸다. 굶주리는 아이들, 압제자에게 핍박받는 희생자들, 자식들에게 미운 짐이 되어 버린 의지할 데 없는 노인들, 외로움과 궁핍과 고통 가득한 이 세계 전체가 인간의 삶이 지향해야 할 바를 비웃고 있다. 고통이 덜어지기를 갈망하지만 그렇게 하지 못해 나 역시 고통받고 있다."

제러미 리프킨은 《공감의 시대》에서 '공감'을 "관찰자가 기꺼이 다른 사람의 경험의 일부가 되어 그들의 경험에 대한 느낌을 공유"하는 것이라고 정의했다. 그리고 인류의 존속과 번영을 위해서는 '공감의 문명(empathic civilization)'이 중요하며, 21세기 '공감의 시대'에는 우리 속에 들어 있는 '호모 엠파티쿠스(Homo Empathicus)', 즉 '공감하는 인간'을 찾고 계발해야 한다고 말했다. 유사한 맥락에서 최재천 교수는 《호모 심비우스》에서 21세기가 추구하는 이상적 인간은 '호모 심비우스(Homo Symbious)'라고 말했다. 경쟁 일변도에 빠진 사람이 아니라 '협력하고 공생하는 인간'이 필요하다는 것이다. 노무현 대통령을 사적으로 잘 알지 못하지만, 그의 생애와 언동을 종합하면 그의 마음속 가장 깊은 곳에는 항상 '호모 엠파티쿠스'와 '호모 심비우스'가 자리 잡고 있었을 것이라고 확신한다.

한국전쟁과 권위주의 통치를 거치고 급속한 경제개발을 경험하면서 한국인은 철두철미한 '호모 이코노미쿠스(Homo Economicus)', 즉 '경제적 인간'이 되었다. 생존을 위하여 이익을 추구하는 인간이 된 덕에 물질적 부는 누리게 되었다. 약육강식, 승자독식의 원리를 신봉하며 달려왔다. 승자의 '먹잇감'이 된 패자는 열패감 속에 살아야 하며, '한탕'을 노리는 유혹에 빠져 더 불행해진다. 먹이를 확보한 소수의 승자는 승리감에 도취하지만, 이들도 끊임없는 경쟁과 축적에 대한 욕망의 노예가 되어 불안과 공허에 시달린다. 그리하여 모두가 불행하다. 지그문트 바우만이 《액체근대》에서 사용한 표현을 빌리자면, '호모 이코노미쿠스'는 "이 세상을 일회용 물품들, 한 번 쓰고 버리는 물품들(다른 인간들을 포함한 전체 세상까지)이 가득 담긴 용기처럼 보는 훈련을 하고 있다." 그러나 우리 모두가 행복해지기 위해서는 '호모 이코노미쿠스'에 의해 억압된 '호모 엠파티쿠스'와 '호모 심비우스'를 되살려야 한다.

다행히도 변화는 시작되었다. 주부 배춘환 씨는 '불법 파업'을 했다는 이유로 손해배상과 가압류를 당한 노동자를 지원하는 데 써 달라며 아이 학원비 4만7천 원을 《시사인》에 보냈다. "해고 노동자에게 47억 원을 손해 배상하라는 이 나라에서 셋째를 낳을 생각을 하니 갑갑해서 작지만 제가 할 수 있는 일을 시작하고 싶어서 보냅니다. 47억 원……. 뭐 듣도 보도 못한 돈이라 여러 번 계산기를 두들겨 봤더니 4만7천 원씩 10만 명이면 되더라고요."라고 적힌 편지와 함께. 배 씨의 이 행동을 시작으로 많은 사람들이 10만 명 중의 한 사람이 되기 위해 '아름다운 재단'의 '노란 봉투 캠페인'에 성금을 보내고 있다. 가수 이효리도 그러한 '호모 엠파티쿠스' 중의 한 사람이었다. 공감은 위대하다, 연대는 위대하다!

조국

서울대학교 법학전문대학원 교수이다. 2000년부터 2005년까지 참여연대 사법감시센터에서 활동했고, 2007년부터 2010년까지 국가인권위원으로 활동했다. 법학자로서의 역할뿐만 아니라 사회적 연대를 추구하는 공적 지식인으로서의 역할을 다하기 위해 노력하고 있다. 지은 책으로 《양심과 사상의 자유를 위하여》 《성찰하는 진보》 《조국, 대한민국에 고한다》 등이 있다.

그가 그립다

노경실

웃고
싶다

다시는
울지
말자

사람은 슬픈 존재이다.

자신의 능력으로 도저히 할 수 없는 것, 자신의 힘으로 결코 가질 수 없는 것, 간절히 소망하며 열렬한 욕망으로 발버둥 치지만 마음대로 이루어지지 않는 것 때문에 평생 가슴 아파하고, 맥이 풀릴 정도로 애쓰며, 마침내 가녀린 신음소리와 함께 두 귓속으로 눈물을 흘려보내며 눈을 감는다.

알렉산더 대왕과 칭기즈 칸으로 동서양의 산맥과 강들이 마구 뒤흔들려 버린 커다란 전쟁. 제1·2차세계대전을 거쳐 각 나라의 이익과 생존, 온갖 그럴듯한 명분으로 시작된 전쟁과 첩보전. 사실 우리는 잔인하기 그지없고 피 냄새로 역겨운 '세상의 거의 모든 전쟁'을 영화로 '거의 생중계'하듯 볼 수 있다. 전쟁영화뿐 아니라 갖가지 자연재해를 다룬 영화를 통해 우리는 팝콘을 먹고 콜라를 마시며 '세상의 거의 모든 무시무시한 자연과 인간 세상의 모든 재난'을 '거의 라이브'로 경험할 수 있다.

최근에 나는 화산 폭발로 도시 전체가 죽음을 맞은 〈폼페이〉라는 영화를 보았다. 몇 년 전에 그곳을 다녀와서인지 영화는 내 두 눈 앞의 현실이 되었다. 그래서 지금도 생생하게 그 현장을 기억한다. 한마디로 그것은 '살아 있는 죽음'이었다. 죽었으나 여전히 산 채로 공포와 슬픔, 멸망과 지옥을 증언하듯 전해 주는 '죽지 않은 두려움', 죽음 속에서도 영원히 살아가고 싶은 절절한 절규.

그런데 영화관을 나서며 불현듯 이런 생각이 떠올랐다. 21세기, 지금 대한민국 경기도 일산의 한 극장 앞의 많은 사람들은 '보통의 생존자'들이 아니구나!

지금 내 자신은 물론 내 눈앞을 스치고 지나가는 수많은 사람들. 키가 작거나 크거나, 뚱뚱하거나 말랐거나, 폐지 실은 유모차를 끌고 가는 할머니이거나 젊은 여자와 팔짱을 끼고 가는 할아버지이거나, 식당으로 들어가고 나오는 사람이거나, 휴대전화 셀카를 찍는 십

대 아이들이거나, 정신이 나간 듯 사람들 사이를 누비며 웃고 침 흘리고 하늘을 향해 손가락질하며 괴성을 지르는 저 남자이거나!

우리는 (지금 살아 있는 우리는) 지구 역사 45억 년의 상상하기도 힘든 그 긴 시간을 지나온 위대한 생존자이자 대단한 DNA들이다. 지적설계론이나 진화론을 떠나 전쟁 속의 약탈과 겁탈, 무참한 살해와 보복, 점령과 식민, 비인간적인 육체와 문화, 종교의 혼합 과정을 통해 살아남아서 영화도 보고, 학교도 다니고, 결혼도 하고, 자식도 낳고 있다.

대단하지 않은가! 우리는 스스로를 구차한 인생이라 여기는 사람이든, 대놓고 다른 사람을 업신여기는 사람이든 지구에서 일어날 수 있는 그 엄청난 위험, 지상에서 벌어질 수 있는 그 모든 사건·사고 속에서 살아남은 후손들이며, 역사의 증거물들이잖은가!

우주의 빅뱅, 수많은 별들이 태어나고 죽어 가면서도 우리의 생존을 막거나 방해하지 못했다. 백색왜성처럼 지구의 빙하기 시절에도, 노아의 대홍수도, 환락의 도시에 내린 유황불의 심판도 우리의 생존을 비웃지 못하고 지나갔다. 우리는 우주 역사 137억 년이 넘는 그 시간을 장쾌하게 통과하여 오늘까지 이어져 내려온 DNA이며, 앞으로 또다시 지구 역사 45억 년이 지나갈 만큼의 시간 속을 살아갈 '사람'들을 위해 존재하는 '씨앗'들이며, 보람찬 생존자이다. 그러므로 세상의 먹고 마시는 일로, 울고 웃는 일로 그렇게 간단하게 '쫑'(終)을 낼 수는 없다.

사람은 참 슬픈 이웃이다.
사람은 늘 배고픈 아이들이다.
사람은 참.

장구한 역사를 거쳐 각자의 자리에 서 있는 우리들. 그런데 급하고, 성급하며, 다급하다.

며칠 전, 내가 탄 버스가 자유로를 지날 때였다. 무심코 창밖을 보는 순간, 나는 "와우!" 하고 작은 탄식을 내질렀다. '중국 전 지역 익일 배송(모든 물품)'이란 광고 문구를 커다랗게 그려 넣은 자동차가 보였다. 중국인들조차도 열흘 안에 닿기 힘든 그 광활한 땅 구석구석을 다니며 '익일' 배송을 해 준다고? 제갈량도, 조자룡도, 조조도, 관우와 장비도 이 사실을 알게 되면 얼마나 놀랄까? 중국인들 스스로도 이루지 못한 '익일 배송'의 위대한 업적을 이룬 대한민국 사람들. 장하다, 경이롭다, 역사와 전통을 자랑하는 대한민국 배달민족이여!

그러나 이틀 뒤에 내가 더 놀란 것은 중국 지역 익일 배송 사업이 그저 그런 "택배 왔어요!" 하는 아저씨의 외침이 아니라 이미 몇 년 전부터 시작된 글로벌 물류 산업이라는 점이었다. 수십 대의 항공기,

수만 대의 차량, 수만 명의 인력을 동원한 택배 사업, 아니 '글로벌 물류 산업'.

빠르게, 빠르게, 빠르게!
만만디(慢慢的) 제국을 송두리째 바꾸고 있는 한국인들.
총과 핵보다 더 단단하고 급하게.
펜과 인터넷보다 더 집요하고 신속하게.
춤과 노래와 영화보다 더 은밀하고 더 뜨겁게.
외교나 동맹이나 협력보다도 더 화기애애하고 더 완벽하게.
빠르게, 빠르게, 빠르게!

중국인뿐 아니라 세계 곳곳 사람들이 대한민국의 '빠름, 빠름, 빠름'에 감동물결이라고 한다. 심지어는 전쟁이 일어나면 한국은 택배용병들이 있는 한 군사물자 수송하는 데에 일절 어려움 없고, 어떤 첩보전도 007 같은 고비용 인력 필요 없이 보험료도 안 드는 오토바이 택배용병을 모집하면 남는 전쟁을 할 수 있다고 농을 할 정도이다.

일단 빠르면 뭐든 용서받을 수 있을 정도로 우리는 '빠름'을 사랑한다. 아무리 예뻐도 빠르지 않으면 달가워하지 않을 정도로 우리는 '빠름'을 강추한다. 이 '빠름'은 변하길 바라면서도 마음 한구석에는

그가 그립다

늘 그리워하는 대상이 있음을 증명하는 게 아닐까? 마치 인간이 천지 창조 때에나 경험했고 누렸으며 기억하고 있는 원죄와 다름없는 원초적 그리움!

순결한 사랑.

죽음과 아픔 없는 육체.

부족함이 무언지 모르는 충만한 물질세계.

'소망한다'라는 것이 창조되지 않은 세상.

두 눈은 눈물이 아니라 기쁨의 빛을 뿜어내기 위해 존재하는 두 개의 별.

입술은 거짓말하고, 속이며, 부끄러움을 감추느라 변명하고, 자랑하느라 바쁘며, 배를 채우느라 동굴처럼 열리는 구멍이 아니라, 세상의 아름다움과 그 완전함을 찬양하는 작은 하모니카.

두 손과 두 발은 평생 먹고사느라 제 주인의 사랑 한 번 제대로 받지 못하고 품삯조차 변변하게 받지 못하는 가여운 노예가 아니라, 태초의 평안과 충만을 매만져 주는 다정한 벗들.

이러한 태초의 평안과 아름다움, 충만함 그리고 그것들의 영원성에 대한 그리움은 아무리 '빨리, 빠름, 빠르게'가 목을 조인다 해도 우리 내면의 그리움을 꺾지는 못한다. 특히 사랑에 대한 그리움! '영원한 사랑'에 대한 그리움을! '빠름'과 '영원함'이란 코드는 유독 대한 민국 사람에게만 특별히 각인된 훈장이자 낙인이 아닌가 싶다.

우리나라 곳곳은 물론 발길이 닿은 세계 모든 나라에 자신들의 이름을 새겨 놓은 한국인들. 유럽을 넘어 세계인을 경악시킬 정도이다. 유럽에서는 한국이나 중국의 단체 관광객이 오면 낙서를 할까 감시한다는 소문도 들었다. 명화 전시와 음악 예술을 공연하는 전통 있는 건축물은 물론 유서 깊은 왕궁과 기념관, 그리고 온갖 나무와 바위에 한국인들은 마치 정복한 고지에 깃발을 꽂듯이 낙서를 한다. 영원한 사랑을 위해! 영원한 우정을 위해! ○○모임의 영원한 단결을 위해! 군대 동기, 향우회, 동창모임, 계모임 등등 모두 '영원'을 기원하며 쇠꼬챙이로, 돌 조각으로, 매직 유성 펜으로 이름을 새기고, '영원'이란 말을 주술사의 마법 주문처럼 덧붙인다. 빠름의 제왕들이 어쩐 일로 '괜찮은 장소'에만 가면 영원의 황제들이 된다.

영원을 외치던 그녀와 그가 아직도 사랑하고 있을까, 그 친구들의 우정이 지금도 지속되고 있을까, 그 군대 동기, 그 계모임 회원들, 그 고향 벗들, 그 조기축구 멤버들, 그 고등학교 동창들, 그 벚꽃모임 아주머님들. 모두 '영원'을 외치며 빨리 모이고, 빨리 밥 먹고, 빨리 사진 찍고, 빨리 쇼핑하고, 빨리 술잔 돌리고, 빨리 한국의 집으로 돌아

그가 그립다

와 또다시 빨리 삶을 이어 가는 사람들.

지금도 그 사랑과 우정과 친목을 영원토록 유지하기 위해 애쓰고 있을까?

사람들은 너무도 잘 안다.

사랑도, 우정도, 등산모임도, 향우회도, 계모임도, 심지어는 가족애도 영원은커녕 단 1년, 아니 단 하루, 아니 단 한 시간 뒤에라도 별 '거지 같은' 이유로 유리잔 깨지듯 산산조각 날 수 있음을.

사람은 뜨거운 별이다. 영원을 위해 지금 빠르게 산다고 변명할 정도로 사람은 뜨겁다. 영원토록 내 사랑과 함께하기 위해 지금 앞만 보고 달려가는 것도 힘들므로 내일도 앞만 보고 뛰어갈 거니까 이해해 달라며 용서를 구할 정도로 사람은 뜨겁다. 내 사랑, 내 우정, 내 가족, 내 일터, 내 행복, 내 안전과 평화, 내 명예와 내 자리와 내 금고를 지키는 것이 영원히 우리의 행복이라며 뻔뻔하게 외칠 정도로 사람은 뜨겁다 못해 절절 끓는 존재이다.

우리는 그 놀라운 빠름과 눈부신 발전, 세련된 혁신, 급속한 성장을 원하지만 그것을 위한 기다림과 고통의 시간에 대해서는 냉정하다. 빠른 것은 선한 것이며, 마치 최단기간의 연습생 시절을 거쳐 최고의 무대에 오르는 것이 선한 것이라 여긴다.

빨리 사랑하려고 애쓰면서 그 사랑, 영원하자고 약속한다.
빨리 성공하려면서 그 성공, 영원히 지속되길 바란다.

그러다 보니 있는 자나 없는 자나 저마다 나름의 이유로 몸부림
친다. 그 끓어오르는 욕망에 들풀이 이름 없다 하여 마구 밟힌다. 저
새들이 작은 새라 하여 함부로 내쫓긴다. 나무들이 볼품없다 하여 자
비 없이 꺾인다. 그리고 이리저리 작은 사람들, 이름 없는 인생들, 빛
나지 않는 존재들이 스러진다. 서로 아프게 한다. 아프지 않고서는 얻
을 수 없는 것들이라고 착각해서이다. 이제는 청소년들마저 빨리 원
하는 것을 획득하기 위해 법이나 인륜을 잠시 눈감고 모른 체하는 것
쯤은 괜찮다고 여긴다. 그러면 자신의 삶은 영원히 행복하고 안전해
질 거라 착각한다. 아주 잠시 동안, 아주 빠르게, 무언가를 해서 평생
토록 편안히 잘 살 수 있는 것이 어른에게도 아이에게도 꿈이 되어 버
린 세상. 그러한 꿈이 손가락질 대신 부러움을 받는 시대. 그렇기에
두 손과 두 발로 직접 땀 흘려 얻는 것은 너무 지루하고, 답답하게 여
긴다.

노 대통령이 자주 쓴 말 중 한 구절은 "내가 직접 챙기겠습니

다."였다. 그는 '대통령 당선자'로 시작하는 순간부터 임기를 마치는 순간까지 자주 '직접 챙기겠다'고 우리에게 선언하거나 하소연했다. 그런데도 기다려 주지 못한 사람들. 상식이 통하는 세상을 위해 직접 땀 흘릴 것이라고 했으나 기다려 주지 못한 마음들. 불의와 타협하지 않아도 잘 살 수 있는 사회적 기반을 이루기 위해 직접 싸우겠다고 했는데도 기다려 주지 못한 가슴들.

군이 변명한다면 우리가 너무 약해서 기다릴 힘이 없었던 탓에 죽을 것 같아 보챘다고 사죄하며 울어야 하나? 우리가 꿈이 너무 커서 기다리기가 초조한 나머지 소리쳤다며 괴로워해야 하나?

사람들은 사는 게 힘들어서인지 정의나 평화, 평등이나 인권을 위해 싸우기에는 너무 지쳤다며 주저앉고 만다. 그렇다고 우리를 대신해 싸워 줄 용사나 투사는 보이지 않는다. 어디선가 급하게 말을 타고 달려오는 소리도 없다.

별들아, 하늘에서 내려와라.
달아, 하늘에서 울고만 있지 마라.
바람아, 허공에서 방향을 찾아라.
나무야, 눈을 떠라.
태양아, 돌멩이 앞에서 부끄럽지 않게 행하라.

'다시는, 다시는'이란 말이 너무나 허무하다는 것은 잘 알고 있지만 그래도 한 번만 더 말하고 싶다.

'다시는 우리 서로를 죽이지 말자. 다시는 우리 헤어지지 말자. 다시는 우리 울지 말자.'

용사나 투사를 기다리지 말자.

이제 우리가 직접 나서자. 직접 일하자.

구부러진 것 직접 두들겨 펴서 편편히 바로잡자.

잘못 꼬아진 것 직접 한 가닥 한 가닥 풀어내서 올곧은 다발로 만들자.

내가 직접 챙기겠다며 외롭게 몸부림친 그에게 말하자.

걱정하지 말라고. 이젠 맨발, 맨손, 맨얼굴, 맨마음으로 우리가 챙기겠다고.

노경실 _____

그 유명한 58년생으로 〈한국일보〉와 〈중앙일보〉 신춘문예 소설 부문과 동화 부문 입상을 계기 삼아 작가의 길을 걷기 시작했다. 반짝반짝 빛나는 눈동자의 어린이·청소년에게는 물론, 제자와 자식 걱정으로 가슴이 조여드는 선생님들과 학부모들에게 사랑받는 작가이다. 백 마디 구호 대신 한 줄 한 줄 글로 마음과 배가 고픈 사람들에게 치유의 작업을 쉼 없이 하고 있다.

그가 그립다 ●

김형민

풀고싶다

귀신은
살아
있다

취재차 귀신이 나온다는 소문이 자자하고 온갖 괴기스러운 풍문들이 처마 끝으로 흐르는 경향 각지의 흉가들을 답사한 적이 있다. 집집마다 사연이 있었고, 귀신으로 지상에 남은 사연도 구구절절하기 이를 데 없었다. 그러나 뭐니 뭐니 해도 가장 많은 귀신들을 탄생(?)시킨 사건은 단연 6·25전쟁이었다. 그 가운데 기억에 남는 귀신들은 대구 근처의 한 산기슭, 지금은 현대식 병원으로 탈바꿈한 옛 공장 터에 출몰한다는 이들이었다.

나는 그들이 누구인지를 똑똑히 안다. 그들이 나타났다는 옛 공

그가 그립다

장 터 뒤편에는 오래전 폐광된 코발트 광산이 있다. 그 갱도 안에서 귀신들의 정체를 알 수 있었다. 동굴 안에는 무슨 영화의 한 장면처럼 수백 구의 백골들이 작은 산더미를 이루고 있었던 것이다. 백골들의 주인은 낙동강 전선의 치열한 공방전이 전개되는 가운데 이 골짜기로 끌려온 '좌익으로 판정된' 보도연맹 소속 민간인들이었다. 그 광산에서만 남녀노소 3천500명이 죽었다. 그리고 50년이 넘게 햇볕은커녕 그 존재조차 쉬쉬한 채로 캄캄한 어둠 속에서 그 살이 썩고 뼈가 바스러져 갔다. 이런 그들이 귀신이 되지 않는 게 더 이상하지 않을까. 억울해서, 정말로 기가 막혀서 귀신이라도 되어 사람들 앞에 나타나고 싶지 않을까.

전쟁이 일어난 지 올해로 64년이다. 귀신들은 이미 힘이 빠졌고 흉가들은 머지않아 포클레인 삽날에 부서져 나갈 것이지만, 그 섬뜩했던 전쟁의 논리는 과연 사라졌을까. 유감스럽지만 대답은 '아니요'이다. 한국전쟁보다도 나이가 두 살이나 많고, 그날의 현장 허공 위를 떠돌며 학살을 독려했던 국가보안법이라는 귀신의 송곳니가 여전히 시퍼렇게 살기를 발하고 있기 때문이다.

국가보안법 가운데에서도 그 악명이 드높은 제7조는 "국가의 존립·안전이나 자유민주주의적 기본 질서를 위태롭게 한다는 점을 '알면서' 반국가 단체나 그 구성원 또는 그 지령을 받은 자의 활동을 찬

양·고무·선전 또는 이에 동조하거나 국가 변란을 선전·선동한 자"를 처벌한다고 선언한다. 누군가가 북한의 주장에 동조하는 범죄(?)를 저질렀다고 치자. 그런데 그의 머릿속에 들어갔다 나오는 재간이 없는 다음에야, "국가의 존립과 자유민주주의적 기본 질서를 위태롭게 한다."는 사실을 알았는지 몰랐는지를 어떻게 판단한단 말인가. 결국 이놈의 법은 집행하는 자의 주관적 판단에 의지할 수밖에 없다. 대구의 코발트 광산 동굴 속에서 수천 명의 사람이 죽어야 했던 이유가 "저들은 위험할 수 있다."는 예단이었던 것처럼.

전쟁 때나 그렇지 21세기 대명천지에 그런 일이 또 있겠느냐며 손사래를 치는 분들께는 2005년께에 불거졌던 교육청의 '전시(戰時) 학도호국단 운영 계획'이라는 문건 한 구절을 읽어 드리는 게 좋겠다. 이 문건은 "좌경학생에 대한 특별 지도를 실시하고 교원 및 교직 단체에 대하여는 특단의 대책을 강구하며…… 순화가 곤란한 학생은 관계 기관과 협조하여 격리 조치해야 한다."고 똑똑히 기록되어 있다. 전시에 행해지는 특단의 대책은 무엇이며, 학생이 좌경인지 아닌지는 그 기준이 어떻게 되며, 격리 조치의 근거는 무엇일까. 필시 '그날'이 오면 교육청이 끌어올 수 있는 법적 근거는 국가보안법 외에 따로 없을 것이다. 국가보안법이라는 이름의 귀신은 항상 이런 식으로 우리의 등 뒤에 도사리고 있었고 앞으로도 그럴 것이다.

정권 쥔 자의 '내 귀에 캔디'가 아닌 모든 외침들에게 '이적단체에 대한 동조·고무·찬양'의 딱지를 삐라처럼 투하하던 어둠의 시대. 그 시대는 칠흑 같은 어둠에 굴하지 않고 꿋꿋이 타올랐던 크고 작은 별빛들의 영웅시대이기도 하다. 아무리 윽박지르고 고문을 가하고 연쇄살인범보다 더한 형량으로 그 인생을 핍박해도 내 머릿속을 누가 엿볼 것이냐고 대들던 수많은 얼굴들이 있었다. 오늘 나는 그중의 한 이름을 돌이켜 보고자 한다. 대한민국 제16대 대통령 노무현이다.

　　수십 년에 걸친 야만과 저항의 시대, 국가보안법은 수많은 사람들의 인생을 파괴했다. '한반도 유일의 합법 정부'를 인정해 주었다는 (또는 남한 정부가 그렇다고 우기는) UN이 이제 그런 법은 버려도 된다고 충고해도, 심지어 미국 정부가 흉을 보아도, 수천 명의 청춘과 목숨을 걸고 악법 폐지를 절규했어도 국가보안법은 끈질기게 살아남았다. 이 쇠심줄 같은 국가보안법 생명력의 비결은 무엇일까. 그 요체는 김종필 전 총리의 능글맞은 질문에서 찾아볼 수 있을 듯싶다.

　　"국가보안법 때문에 불편한 사람 있느냐?"

　　있으면 손 한번 들고 나와 보라, 얼굴 한번 보자고 들이미는 저 폭력적인 질문 앞에서 태연하기 어려운 것이 우리들의 역사였다. '불편'한 자는 곧 '불온'한 자의 동의어였고 "사상이 의심스럽다."는 딱지는 "네 생존이 의심스러울 수 있다."는 협박이었기 때문이다. 즉 공포는 국가보안법의 존립 근거이자 생존 방식이자 공수 겸용 무기였다. 심지어 국가보안법의 희생자가 되어 사형대에 목이 매달릴 뻔했던 이가 대통령이 되었어도 국가보안법이라는 슬래셔 무비의 잔인함은 줄어들지 않았다. 하키 마스크를 쓴 제이슨 국가보안법은 무시무시한 도끼를 들고 히죽히죽 웃으며 거리를 누볐다. "너 나 무섭니?" 그리고 국가보안법 위반자의 수는 전직 사형수의 정권 때에 최다 기록을 경신했다.

그 대통령의 임기가 저물고 새로운 대통령을 뽑기 위해 세상이 부산하던 즈음, 노무현 후보는 화제와 관심의 중심에 서 있었다. 나는 지금도 한참 동안 만나지 못했던 선배에게서 불현듯 온 메일의 제목을 잊지 못한다.

"저 아무개입니다. 저를 기억하는 분들은 보아 주십시오."

그리고 그 호소는 한동안 소원히 지냈던 선배만의 것이 아니었다. '바보 노무현'을 열렬히 응원하고 그에 대한 지지를 부탁하는 메일을 나는 열 통 넘게 받았다. 심지어 대학 때 돌 한 번 던져 보지 않은 친구들도 끼어 있었다. 그것은 바람이었다.

그 바람에 가장 곤혹스러워했던 사람은 제2의 박정희를 꿈꾸던 키 작은 남자 이인제였을 것이다. 본의 아니게 김대중 대통령을 만드는 데 혁혁한 공을 세우고 차기 대권의 꿈에 김칫국깨나 축내던 그는 별안간 부상한 노무현 후보에게 황당한 공격을 감행하게 된다. 휴전선 이남의 한국인들의 잠재의식 속에 흐르는 공포를 파블로프의 개 삼아 불러내는 시도를 했던 것이다.

"쟤 장인은 빨갱이래요."

그때 노무현 후보의 대응은 익히 아는 바와 같다. 간단했고 명료했다. 단순하지만 단호했다.

"그럼 장인이 빨갱이라고 아내를 버리란 말이냐?"

이 말에 목욕탕에 모여 있던 뭇 아주머니들이 감동하여 눈물을 흘리고, '듣보잡' 노무현을 씹기에 바쁘던 강남의 유한마담들까지도 그 사람 다시 봤다며 노무현을 칭송하였다고 전한다. "대통령 후보를 그만두더라도 아내를 지키겠다."는 순애보의 주인공을 어느 목석 같은 여자인들 외면할 수 있을 것인가. 그런데 나는 그날 노무현의 연설을 순애보의 절절함이 아니라, 지극히 당연하지만 지금껏 우리가 구비하지 못했던 용기의 현현으로 기억한다.

"아무개의 장인은 빨갱이다."라는 공격에 대하여 아무개는 어떻게 대응할 것인가. 그때까지의 모범 답안은 대충 이랬다. "우리 장인이 빨갱이라는 사실은 잘못 알려진 것이다." 하는 식의 어색한 발뺌을 하거나, 또는 "장인의 과오를 사위가 씻겠다."라는 절절한 반성을 하거나, 정히 아니면 "장인은 집안에서 내놓은 사람이었고 덕분에 처가가 고생을 많이 했다."는 투의 구구한 변명과 함께 처남들을 줄줄이 세워 두고 그것이 사실임을 증명하는 신파라도 벌여야 했다. 그 공포와 침묵의 색깔론의 벽을 노무현은 한마디의 말을 장대 삼아 넘어 버린 것이다.

"그래서 어쩌라고?"

국가보안법으로 대변되는 냉전의 찌꺼기들이 지긋지긋하게 들이밀던 '빨갱이'의 딱지, '사상이 불온하다'는 으름장, "국가보안법 불편한 사람 있시유?"라며 내지르던 살기는 적어도 그 순간 무기력했다. 후일 어떤 잡지사에서 심층 취재까지 벌여 가며 노무현의 장인이 얼마나 극악한(?) 빨갱이였는지를 핏대 세워 외쳐 댔지만 그에 귀 기울이는 사람은 없었다. 전쟁 후 50년 만에 빨갱이면 빨갱이지 그 사위가 빨갱이냐는 지극히 단선적인 상식에 우리 사회가 도달한 것이다. 그 상식을 배 째라고 드러낸 것이 그날의 노무현이었던 것이다.

상식과 용기.

이 두 단어는 노무현을 대통령으로까지 끌어올렸던 키워드라고 해도 과언이 아닐 것이다. '어떠한 합의도 없이, 어떠한 논의도 없이' 국민이 뽑아 준 야당이 넙죽 여당과 합당을 해 버리는 몰상식에 저항했던, 또 종로의 인경 들이받은 것처럼 머리 깨지고 말 것임을 삼척

그가 그립다

동자도 아는 판에 민주당 간판을 달고 부산 거리를 누볐던 무모한 용기의 소유자 노무현은 바로 그 때문에 대통령이 되었다. 노란 옷 입고 춤추고 노래했던 사람들을 끌어낸 동력은 그에게서, 그것도 대통령 후보에게서 오랜 역사 내내 짓밟혀 왔던 상식과 차마 지닐 수 없었던 용기의 원형을 발견했기 때문일 것이다. 동시에 그것은 사람들이 얼마나 상식과 용기에 굶주려 왔던가를 반증한다. 즉 대한민국은 국가보안법 등을 비롯한 떼귀신이 설치며 사람들을 가위 누르고 홀려 온 흉가였던 것이다. 노무현이 대통령 후보 출마를 선언하며 내지른 다음의 연설은 떼귀신에 대한 부적이요 축귀령(逐鬼令)이었다.

"눈 감고 귀를 막고 비굴한 삶을 사는 사람만이 목숨을 부지하면서 밥이라도 먹고살 수 있었던 우리 600년의 역사, 제 어머니가 제게 남겨 주었던 저희 가훈은 '야, 이놈아, 모난 돌이 정 맞는다.' 였습니다. 이 비겁한 교훈을 가르쳐야 했던 우리의 600년 역사, 이 역사를 청산해야 합니다. 권력에 맞서서 당당하게 권력을 한번 쟁취하는 우리 역사가 이뤄져야만 이제 비로소 우리의 젊은이들이 떳떳하게 정의를 이야기할 수 있고, 떳떳하게 불의에 맞설 수 있는 새로운 역사를 만들어 낼 수 있습니다."

그렇게 그는 대통령이 됐다. 대통령이 되어서도 그가 이 땅에 켜켜이 쌓인 냉전의 쓰레기들과 곳곳에 쳐진 몰상식의 거미줄을 쓸어 내고자 했던 흔적은 적지 않다. 일례로 그는 수십 년 동안 가슴에 '4·3'이라는 피고름을 안고 살던 제주도민들에게 대한민국 대통령으로서 사과했다. 이 글의 서두에서 언급했던 경산 코발트 광산의 백골들이 햇빛을 본 것도, 그 백골의 유족과 후손들이 목소리를 낼 수 있었던 것도 그맘때쯤의 일이었다.

드디어 국가보안법을 비롯한 떼귀신들은 진지한 위기에 몰렸다. 이빨을 숨기고 발톱을 감추느라 여념이 없었고, 때로는 관 속에 드러누워 곱게 잠자고 있는 듯 보였다. 무시해도 좋을 존재로까지 비하되었으며 '사문화(死文化)된'이라는 형용사가 천하의 국가보안법을 수식하는 지경에 이르렀다. 그러나 결코 국가보안법 귀신이 죽은 것은 아니었다. 거창 양민 학살 사건의 유족들이 4·19혁명 이후 위령탑을 세워 원혼들을 위로한 죄로 5·16군사정변이 터진 뒤 곧바로 '반국가 단체'로 몰렸듯이 국가보안법의 몸뚱이는 때를 기다리며 얌전히 몸을 누이고 있었다. 또 몸뚱이는 고요했으나 그 촉수는 반격을 꿈꾸며 슬금슬금 살아 움직이고 있었다. 그 앞에서 노무현은 일단 단호해 보였다.

2004년 9월 5일 노무현은 MBC 시사매거진 2580에 출연하여 또 하나의 역사적인 명언을 남긴다.

"지난날 국가보안법이 우리 역사에 어떤 영향을 끼쳤는가, 어떤 기능을 했는가 보시면 결국 대체로 국가를 위태롭게 한 사람들을 처벌한 것이 아니라 정권에 반대하는 사람들을 처벌하는 데 압도적으로 많이 쓰여 왔습니다. 말하자면 정권을 반대하는 사람을 탄압하는 법으로 많이 쓰여 왔고 그 과정에서 엄청난 인권 탄압이 있었고 비인도적인 행위들이 저질러졌습니다. 그래서 이것은 한국의 부끄러운 역사의 일부분이고, 지금은 쓸 수도 없는 독재 시대에 있던 낡은 유물입니다. 그 낡은 유물은 폐기하는 것이 좋겠습니다. 칼집에 넣어서 박물관으로 보내는 것이 좋지 않겠습니까?"

"국가보안법을 박물관으로!"를 대놓고 언급하는 대통령에게 나는 환호했다. 그가 지난 정치 역정에서 보여 준 수많은 상식과 용기가 바야흐로 빛을 발하고 그 내공을 뽐내어 국가보안법이라도 박물관 내지 쓰레기 처리장에 처박아 준다면 그의 역사적 의미는 창대해질 것이었다. 그러나 유감스럽게도 노무현의 결의에 찬 시도는 눈밭에 빠진 차바퀴처럼 헛돌기 시작했다. 4대 개혁 입법이라는 이름의 네 바퀴는 맹렬한 소음을 내며 전진을 시도했지만 끝내 목적지를 향해 전진하지 못했다.

앞서 살펴보았듯 국가보안법은 뒤틀린 것을 바로잡고 억눌린 것을 쳐들고자 하는 거의 모든 시도의 싹을 자르고자 했던 칼이었고, 이에 대한 찬반을 떠나 대한민국 국민들의 머릿속을 지배하고 있던 악령이었다. 최소한 그것만이라도 걷어 내 주었다면, 그래서 그의 말대로 박물관에서 그 흉물을 관람할 수 있게 되었으면 얼마나 좋았을까.

"국가보안법을 박물관으로!"를 내뱉는 용기가 있었다면, 그리고 그것이 상식이라는 믿음이 있었다면 그를 구체화하는 정책이 필요했고 뚝심 있게 정책을 펴 나가는 정치가로서의 수완이 절실했다. 그러나 노무현은 그 지점에서 몇 퍼센트 부족했다. 처음 국가보안법 폐지라는 '의제 설정'을 한 것은 다름 아닌 노무현 자신이었다. 폐지에 대한 의지를 과시라도 하듯이 적극적인 독려를 마다 않았고, 기왕지사 시작한 일 끝을 보아야 한다고 밀어붙이기도 했다. 그러나 드라큘라가 십자가를 보고 도망하고 마늘을 싫어하며 햇볕을 두려워하지만 결국 심장에 말뚝을 박아야 끝장을 볼 수 있는 것처럼, 마침내 최후의 말뚝질을 퍼부어야 하는 순간 노무현은 망설였다. 물러섰다.

박물관 발언으로 기염을 토한 지 백 일이 갓 지나서 "보안법은 오랫동안 군림해 온 법으로 차근차근 풀어 가자."(2004. 12. 23.)라고 슬금슬금 발을 빼더니 해가 바뀐 1월 13일에는 "(국보법이 폐지돼야 한다는) 내 생각에는 변함이 없지만 국회에서 토론과 의결을 통해서 결정할 문제이기 때문에 정책 추진을 위해 특별한 노력을 하지 않고 있다."라고 토로했던 것이다. 왜 그랬을까.

차악을 택하는 것이 정치라고 한다면 노무현은 차악이라도 선택하고 그를 위해 노력을 경주해야 했다. 즉 노회찬 의원의 후회처럼 '부분 개정이라도 확실하게 해서 이른바 7조 문제, (이 글의 맨 앞에 등장하는) 이적 단체나 표현물 등에 관련된 것만은 없앴어야' 했다. 물론 노회찬은 완전 폐지를 주장했고 많은 사람들이 그랬다. 그것이 이루어질 수 없는 꿈이라고 여겼다면 현실적인 대안을 내밀어야 하는 것이 대통령의 임무였다. 하물며 먼저 동을 뜨고 구호를 외쳐 사람들을 거리로 이끌어 낸 주동자의 입장에서랴. 그러나 노무현은 적어도 국가보안법이라는 귀신과의 싸움에서는 최악의 길을 택했다. 기껏 준비해 간 말뚝을 드라큘라의 심장에 박지 않고 그저 관 뚜껑에다 대충 못질을 한 후 총총걸음으로 돌아와 버린 것이다.

그로부터 10년이 흐른 지금 우리는 시나브로 귀신의 부활, 아니 재등장(죽은 적이 없었으니)을 목도하고 있다. 이미 유명무실하게 된 지 오래라던 국가보안법의 귀신은 또 다른 사람들의 피를 갈구하며 대한민국의 허공을 기운차게 떠돌고 있다. 천만 명이 지켜본 영화에도 등장했던 〈적기가〉를 불렀다는 이유만으로 국가보안법 위반이 되는 나라에서 우리는 살고 있다. 심지어 만주 벌판 독립군들을 생각하면서 남한 민중가요 작곡가가 만든 〈혁명동지가〉도 이적 표현물이 된다는 판이니 〈적기가〉 정도는 유도 아니겠다. 얼마 전 영화 〈은밀하게 위대하게〉를 보고 나온 청년들이 장난으로 북한 사투리를 쓰자 어느 여중생이 분연히 신고를 해 버렸다는 에피소드에 이르면 우리 역사에 얼마나 많은 도돌이표가 도사리고 있는지를 실감하게 된다.

오늘날의 이 모습을 굽어보면서 고인은 아마도 "내가 저것만큼은 해 놓고 왔어야 했는데……." 하면서 줄담배를 태울지도 모르겠다. 그의 성품에 "딴 일도 많아서……." 따위의 변명은 어울리지도 않거니와 그럴 일도 아니기 때문이다. 국가보안법은 그가 대통령 후보 경선 출마 선언 연설에서 표현한 바, '모난 돌'을 가장 먼저 때리고 가장 심하게 두들기고 가장 참혹하게 부수었던 지배 세력의 '정'이었다. '떳떳하게 정의를 이야기할 수 있고, 떳떳하게 불의에 맞설 수 있는' 시대를 제일로 앞장서서 봉쇄하는 방패였으며 방패 너머로 휘둘러 대는 몽둥이였다.

야만과 폭력에 분노했던 변호사 노무현 그리고 대통령 노무현이 좌충우돌로 점철된 파란 많은 생을 우리 앞에 길게 드리운 채 표표히 세상을 떠난 지도 5년여를 헤아린다. 너무나도 황망했던 2009년 5

월. 나는 모니터를 들여다보면서 숱하게 울었다. 사무실에서 누가 볼까 봐 연신 주위를 두리번거리면서도 하나하나 올라오는 뉴스들을 일일이 읽으며 눈물을 흘렸고, 소나기를 맞으면서도 흐트러지지 않고 국화꽃을 든 채 서 있던 조문객들을 보고는 화장실에 가서 문고리를 걸고 꺽꺽 울었다. 나의 슬픔의 정체는 무엇이었을까.

나는 노무현을 사랑한 적은 없다. 나에게 노무현은 다른 사람들보다는 훨씬 나은, 그리고 그의 이상이 정치적으로 실현된다면 세상이 조금은 나아지지 않을까 싶었던 정치인이었을 따름이다. 그런데 왜 그랬을까. 아마도 그로 대변된 상식과 용기의 시대가 처참하게 패한 듯한 좌절감이 컸을 것이다. 결국 대통령을 지낸 그마저 이런 몰상식과 야만의 시대에 그리 처참하게 널브러져야 한다면 남아 있는 우리들의 시대는 과연 어떻게 전개될까 하는 막막함도 한몫했을 것이다.

하지만 그래도, 아무리 그래도 노무현은 나에게 특별한 대통령이었음을 부인할 수는 없다. 국보법으로 대변되는 떼귀신들이 판치는 사회의 멱살을 잡고 흔들었던 변호사, 불의가 판치고 탐욕이 지배하는 정치판에 대한 자살 공격을 감행하며 정의를 세우고자 했던 대중 정치인 노무현, 그리고 "국가보안법은 박물관으로 보내 버려야 한다."고 결기를 세우던 대통령 노무현을 어찌 쉽사리 잊을 수 있겠는

가. 그는 갔지만 또 다른 그, 그를 넘어서는 그가 계속하여 출몰하기를 바란다. 또 다른 전직 대통령이자 국가보안법의 희생자였던 김대중 대통령이 말한 대로 "인생은 아름답고 역사는 발전한다."면 더더욱 그래야 할 것이다.

김형민

방송 PD를 업으로 삼고 있는 나이 마흔다섯의 시민이다. SBS 〈리얼코리아〉 및 〈긴급출동 SOS24〉 등을 연출했으며 현재 〈한겨레신문〉 토요판에 '김형민의 응답하라 1990'을 연재하고 있다. 지은 책으로는 《그들이 살았던 오늘》이 있다.

그가 그립다

유시민

닮고
싶다

변호인이
된다는
것

난생처음 '계엄포고령 위반'으로 군법회의 피고인이 되었을 때 내겐 변호인이 없었다. 재판장과 검사는 모두 현역 장교였고 착검한 소총을 든 헌병들이 피고인들을 감시했다. 두 번째로 피고인이 되었을 때는 변호인이 있었다. 이돈명, 홍성우, 황인철 변호사였다. 그 세 분은 1970년대와 1980년대 군사정권 시절 조준희 변호사와 함께 '인권변호인 4인방'이라는 별칭을 들은 '거물급 인권변호사'였다. 정치적인 사건으로 투옥된 양심수라고 해서 아무나 그런 분들의 변호를 받은 것은 아니었다. '국보법'도 '집시법'도 아닌 '폭력 행위 등 처벌에 관한 법률' 위반 혐의로 기소된 나에게는 분에 넘치는 '호사(豪奢)'였다.

'폭행법' 위반 혐의로 구속 기소된 경위는 다시 돌아보고 싶지 않다. 하지만 누가 그랬든, 서울대학교 학생들이 학생이 아닌 사람을 국가정보기관 스파이로 의심해 때린 것은 분명한 사실이다. 나는 내가 하지 않은 일에 대한 책임을 지고 1년 동안 교도소 독방에서 지내야 했다. '잡범' 주제에 가장 명성 높은 인권변호사들의 변호를 받는 영광을 얻은 것은 마침 전두환 정부의 이른바 유화 조처로 인해 잠시 감옥이 텅 비어 있었기 때문이다.

그로부터 30년 세월이 흘렀다. 신실한 가톨릭 신자로서 시국 사건 변론을 하는 틈틈이 자폐 아동들의 교육 기회를 넓히는 일에도 성심을 다했던 황인철 변호사는 20여 년 전에 불과 쉰넷 젊은 나이에 유명을 달리하셨다. 참으로 온화하고 지적인 분이셨다. 후일 천주교정의평화위원회 인권위원장과 조선대학교 총장을 역임했던 '인권변호사의 대부' 이돈명 변호사도 3년 전 별세하셨다. 건강이 허락하는 마지막 시간까지 억울한 일을 당하는 사람이 없는 세상을 만들기 위해 동분서주하시던 모습이 기억에 생생하다. 민주사회를 위한 변호사모임(민변) 회장과 참여연대 대표를 역임했고 잠시 정당 활동에 참여하기도 했던 홍성우 변호사는, 연세가 많이 드신 지금도 여전하지만, 30년 전에는 더 대단한 귀공자풍의 멋쟁이셨다.

내게 그 세 분의 무료 변론은 황송한 일이었다. 그분들은 사건 경위를 조작해서 발표하고 잘못이 없는 총학생회와 복학생협의회 주요 간부들을 구속한 정부의 처사에 분개하셨다. 그런데 그분들이 왜 일면식도 없는 나를 변호하려고 결심했는지 나는 당시에는 제대로 이해하지 못했다. 그저 나라를 위해 옳은 일을 하려다가 억울한 누명을 쓰고 잡혀 왔기 때문에 변호해 주는 것이라고 생각했다. 인생의 단맛과 쓴맛을 더 많이 경험했고, 그래서 산다는 것에 대해 예전보다 더 깊게 생각하는 요즘에 와서야 어렴풋이 알게 되었다. 그분들은 나를 인간적으로 좋아하셨고 학생들의 민주화운동을 지지하셨다. 하지만 그것뿐이었던 것은 아니다. 그분들은 내 생각과 행동을 모두 다 이해하고 지지했기 때문이 아니라, 스스로 옳은 삶을 살기 위해 나를 변호하셨다. 지금은 그렇게 생각한다. 물론 변호인이 피고인을 인간적으로 좋아하고 그가 한 일 모두를 지지할 수 있다면 더 가벼운 마음으로 더 즐겁게 변호할 수 있을 것이다. 하지만 전혀 그렇지 않은 경우에도 그분들은 기꺼이 누군가의 변호인이 되어 주셨다. 심지어는 이해하기 어려운 사상을 가지고 도저히 찬성할 수 없는 행동을 하는 사람까지도 성의를 다해 변호하셨다.

1986년 여름이었다. 이돈명 변호사가 연락을 주셨다. 대학생들이 무슨 생각을 하는지 몰라서 변론을 하기 힘들다며 요즘 학생운동의 사상적 흐름에 대해 '물을 타지 말고' 이야기해 달라고 부탁하셨다. 그때는 국가보안법 위반 혐의로 구속되었던 청년들이 재판을 거부하고 법정에서 '반전반핵 양키고홈'을 외치는 게 대세여서 변호사들이 큰 어려움을 겪고 있었다. 수안보 상록호텔이었던 것으로 기억한다. 정법회(正法會)라는 변호사 모임이 그곳에서 세미나를 했다. 이 모임은 1988년 사회적 약자의 인권을 보호하고 정의와 민주주의를 실현하기 위해 헌신하는 변호사 단체인 '민변'으로 발전했다. 나는 전국에서 모인 정법회의 변호사들에게 당시 학생운동과 지식인 노동운동의 사상과 이론에 대해 아는 만큼 진실하게 이야기했다. 소박한 외모를 한 부산의 '노변'도 거기 있었다. 그는 한마디 말도 없이 듣기만 했던 것으로 기억한다.

민중민주주의(PD) 노선은 대한민국을 국가독점자본주의로 규정하고 러시아 볼셰비키혁명을 모델로 삼아 사회주의혁명을 추구한다. 민족해방(NL) 노선은 대한민국을 '식민지-반(半)봉건사회' 또는 '식민지-반(半)자본주의사회'로 규정한다. 그들은 계급적 귀속을 묻지 않고 반미 자주화에 동의하는 모든 세력을 규합해 민족해방민주주의혁명을 일으키자고 한다. 대학가에서 대세를 장악한 NL 활동가들 중에는 단파 라디오로 북한이 송출하는 민족민주전선(민민전) 방송을 청취하고 그 녹취록을 교재로 삼아 학습하는 사람도 있다. 대다수 대학생들은 우리나라가 좀 더 자주적인 주권국가가 되어야 하고 북한과의 대결보다는 화해와 평화공존을 추구해야 한다는 생각에서 NL노선의 총학생회를 지지하는 것일 뿐 이념에 사로잡힌 것은 아니라는 점을 분명히 했다. 그렇게 '물을 타지 않고' 있는 그대로 이야기하자, 어떤 분들은 어떻게 그럴 수가 있느냐고 펄펄 뛰었다. 하지만 이돈명 변호사는, 설사 생각이 잘못되었다고 하더라도 그 청년들 역시 우리 대한민국의 아이들이니 누군가는 껴안아 주고 변호해 주어야 한다고 말씀하셨다.

영화 〈변호인〉을 보면서 여러 이름을 떠올렸다. 이돈명, 황인철, 홍성우, 조준희, 한승헌, 조영래, 박성민, 박용일, 최병모, 이석태, 김형태, 백승헌, 김선수, 권영국 같은 분들이다. 이름이 알려져 있고 개인적으로도 안면이 있는 변호사들이다. 도대체 그분들은 무엇 때문에 '돈은 되지 않고 품은 많이 들며 승소율은 저조한' 노동 사건과 인권 사건을 맡은 것일까? 나는 그것이 공분(公憤) 때문이 아닐까 생각한다. 영화에서 '세금 전문 속물 변호사'를 '인권변호인'으로 바꾼 것은 공분이었다. 불의가 정의를 짓밟고 반칙과 편법이 원칙과 정도를 이기는 것을 보면 사람은 분노를 느낀다. 자기 자신이 아니라 다른 사람이 억울한 고초를 당하는 것을 보면서 느끼는 분노가 공분이다. 공분을 느끼는 능력은 자연이 인간에게 준 진화적 본능이며 문명을 만

그가 그립다 ●

들어 낸 사회적 재능이다. 공분을 느끼면서도 불합리한 현실에 굴복하면 자신의 삶이 비천해 보이게 된다. 스스로 비천하다고 느끼는 인생은 존엄한 삶이기 어렵다. 결국 부당한 권력에 억울한 고초를 당하는 타인을 돕는 것은 스스로 옳은 삶, 존엄한 인생을 사는 행위라고 할 수 있다.

변호사는 법정에서 활동한다. 아무나 변호사가 되는 게 아니다. 국가의 자격 인정을 받아야 법정에서 누군가를 변호할 수 있다. 하지만 변호인은 그렇지 않다. 누구든 마음만 먹으면 누군가의 변호인이 될 수 있으며 생활공간 어디서나 활동할 수 있다. 인터넷 포털 게시판에 억울하게 간첩으로 몰린 사람을 응원하는 댓글 한 줄을 쓰고, 집과 가재도구와 예금통장을 가압류당한 노동조합원을 위해 4만7천 원의 '노란 봉투'를 보내고, 맨바닥에서 밥을 먹는 대학의 청소 노동자들을 격려하는 대자보 한 장을 붙이고, AI 때문에 판로가 막힌 양계 농민들을 위해 일부러 국내산 닭을 구입할 때, 우리는 그들의 변호인이 된다. 간첩으로 몰린 서울시 공무원, 파업을 벌인 금속노조원, 대학의 청소 노동자, 닭을 키우는 농민들이 잘 아는 사람이어서가 아니다. 그들이 특별히 훌륭한 사람이라는 증거가 있어서도 아니다. 그들이 누구이든, 어떤 생각을 가지고 어떤 방식으로 사는 사람이든, 억울한 고초를 당하는 이웃을 도움으로써 스스로 옳은 삶을 살고 있다는 내면의 기쁨과 자부심을 느낄 수 있기에 그러는 것이다.

변호인이 된다는 것에 대해 다시 생각해 본다. 나는 지난 시기 십여 년 정도 정치를 했다. 그 가운데 5년은 국회의원이었고 1년 5개월은 장관이었다. 보통 사람들보다 훨씬 큰 권력과 영향력이 있었던 만큼, 마음만 먹었다면 더 많은 사람의 변호인이 될 수 있었을 것이다. 하지만 돌이켜 보면, 그렇게 하지 못했다는 자책이 마음을 때린다. 나는 변호인이 된다는 것이 어떤 일인지 깊이 생각하지 않았다. 어떤 사람들에 대해서는 변호인이 되어 주려고 노력했지만, 다른 누군가에 대해서는 변호인이 되기 싫은 이유를 찾으려고 했다. 예컨대 전교조는 처음에 아이들을 위해 참교육을 하는 단체였지만 시나브로 교원들의 이익을 도모하는 평범한 노동조합으로 바뀌었다고 생각했다. 민주노총은 모든 노동자가 아니라 대기업 노동조합의 이익을 주로 대변하는 단체가 되었다고 보았다. 진보정당은 남을 비판하는 데는 능하면서도 자기 성찰은 하지 않는 독선적 정파라고 진단했다. 나의 변호를 받으려면 그럴 만한 자격이 있어야 한다고 생각했다. 그러나 이것은 그릇된 생각이었다.

대한민국 헌법은 모든 국민에게 똑같이 자유와 권리를 보장한다. 특별히 훌륭하고 존경받을 만한 사람만이 그것을 누릴 자격이 있는 게 아니다. 누군가 헌법이 보장한 자유와 권리를 부당하게 침해당했다면, 당연히 공분을 느끼고 그들의 변호인이 되어 주어야 한다. 훌륭하고 존경받을 만한 사람이든 아니든, 주장과 행동이 내 맘에 들든 들지 않든, 그것이 걸림돌이 될 수는 없다. 그런데 나는 그 당연한 이치를 망각했다. 30년 전 이돈명, 황인철, 홍성우 변호사는 그런 것을 따지지 않고 '폭력범'의 변호인이 되어 주었는데, 정작 나는 다른 사람에게 그렇게 하지 않은 것이다. 공분을 터뜨려야 마땅한 상황에서도, 종종 냉담한 태도를 취했다. 마치 관심이 없는 것처럼 외면해 버리기도 했다. 남에게 무엇을 주지는 못할망정 내가 받은 만큼이라도 돌려주는 것이 합당한 도리인데 그 도리를 지키지 않은 것이다.

정치를 그만둔 후 여러 번, 정치인으로 활동하던 시기에 후회가 남는 일이 있느냐는 질문을 받았다. 그때마다 힘주어 말하곤 했다.

"그런 것 없어요. 내가 옳다고 믿는 바에 따라 나름대로 최선을 다했습니다. 비록 능력과 자세가 그 일을 감당할 수 없어서 실패하고 정치를 떠났지만 후회할 일은 없습니다."

하지만 이젠 그렇게 말하지 못할 것 같다. 나는 '힘 있는 자리'에 있었을 때, 더 많은 억울한 사람들의 변호인이 되어 줄 수 있었지만 그렇게 하지 않았다. 정치에 뛰어들었던 것을 후회하지는 않지만, 이것만은 크게 후회한다. 영화가 끝나고 엔딩 크레디트가 올라가는 동안 어두운 관람석에 앉아 나와 타인과 세상에 대해 생각했다.

'우리 삶에서 영원히 사라지는 것은 없는지도 몰라. 우리의 마음이 그 이름을 불러 준다면, 마른 풀 다시 살아나 이 강산을 푸르게 물들일지 몰라.'

영화관 밖은 아직 겨울이었지만, 내 가슴 밑바닥 돌 틈 사이로 민들레 어린 풀잎이 돋아나는 것 같았다.

유시민

2013년 《어떻게 살 것인가》라는 책을 내면서 정계를 은퇴했다. 대학 시절 감옥에서 쓴 '항소이유서'로 널리 이름을 알렸고 《거꾸로 읽는 세계사》로 작가로서도 유명해졌다. 참여정부 시절 보건복지부 장관을 지냈고 지금은 글을 쓰면서 강연과 토론 그리고 책으로 여러 사람과 교감하고 있다. 지은 책으로는 《청춘의 독서》《기억하는 자의 광주》《후불제 민주주의》《국가란 무엇인가》 등이 있다.

그가 그립다

류근

날
고
싶
다

몽롱한
베스트셀러 잡문가의
나날

어느 해 이른 봄부터 한 편의 시도 쓰지 못했다. 문득 방전된 배터리처럼 어떠한 것에도 감흥이 생겨나지 않았다. 세상의 그 무엇도 감동이 아니었다. 감동이 아니라면 차라리 분노와 환멸의 대상이라도 규명이 되어야 했을 것을 그마저 선명하지가 않았다. 수사학 선생 에즈라 파운드가 절대적으로 사용해선 안 된다고 실례를 든 수사, '몽롱한 평화의 나라'가 나의 모국이었다. 상처도, 고통도, 슬픔도 그저 몽롱했고, 몽롱하게 평화로웠다. 몽롱한 평화는 그러나 아무런 것에도 위안으로 쓰일 수 없는 허위의식일 뿐이었다. 숱한 꽃들이 세상에 왔다 갔다. 셀로판지 같은 햇살이 내리고 더러는 비가 내렸다. 나는 한 순간도 이 나라를 벗어난 적 없었지만, 내 안에서 이 나라는 신기루에 지나지 않았다. 나는 늘 어딘가에 존재했지만, 아무런 것도 내게 남아 있지 않았으므로 나 역시 어떠한 것에도 실체를 가진 존재로 존재하지 않았다. 아무런 뜻도 아닌 나날들이 저희끼리 반짝거리며 내 앞을 가로질러 흘러갔다. 서울은 봄이었고, 봄이었는데 곧 10월이 왔다. 10월이었는데 다시 2월이 왔다. 아무 때나 잠들었으니 아무 때나 잠이 깼다. 아침에 할 일이 없어 난감해지면 조조 영화를 보러 갔다. 극장엔 대부분 스크린과 나만 남아서 시간을 되감기 일쑤였다. 더러는 술 냄새가 헹궈지지 않은 중년의 남녀가 코를 골기도 하였다. 강의가 있는 날은 학교에 갔다. 그러나 강의실은 여전히 농아학교 수업 시간 같았고, 수화조차 통하지 않는 소통 불가의 시간이 내 차지였다. 나는 시에 대해서 이야기하는 것이 점점 더 무섭고 부끄러웠다.

패잔병처럼 남겨진 저녁엔 술을 마셨다. 늘 사람들과 어울려 술을 마셨으나 어떠한 말도 하지 않았고 들을 수 없었다. 진정과 진심은 술자리에 어울리는 소재가 아니었다. 취해서 돌아오면 다시 난감한 아침이 오고, 곧 숙취에 이지러진 오후가 왔다. 그 찬란한 무덤 같았던 20대의 아웃사이더 시절이 '이제 와 새삼 이 나이에' 되돌아온 듯한 낭패감을 느끼며 나는 속속들이 외로웠다. 그러나 그 역시 몽롱한 외로움일 뿐이었다.

할 일이 아주 생각나지 않을 때에는 모니터 앞에 앉아서 몽롱하게 잡문을 썼다. 몽롱한 세상과 소통할 수 있는 거의 유일한 방법이었다. 시를 쓸 수 없게 되자 참 괴이하게도 잡문에 더 쉽게 언어를 내어 줄 수 있었다. 시도 아니고 소설도 아니고 산문도 아닌 마구잡이 잡문을 제멋대로 써 댔다. 욕설과 요설이 난무하는 조악한 잡문이었는데, 어느 순간 나는 소위 '페이스북을 통해 제대로 뜬 베스트셀러 산문가' 가 되어 있었다. 전혀 뜻하지 않은 일이 뜻하지 않은 순간에 벌어지고 있었다. 세상은 참 어찌 이렇게도 에누리 없이 몽롱할 수 있는 것인지 '충격과 공포'를 금치 못할 일이었다.

애초에 페이스북에 글을 쓰게 된 것은 내 의지만은 아니었다. 서울시내 모처에 있는 문학창작촌에 기거하게 된 어느 날이었는데, 우연히 놀러 온 여자 후배가 거의 반강제로 페이스북의 문을 열어 준 것이었다. 미안하지만 그는 그때 나에게 이렇게 말했다. 오빠처럼 훌륭한 시인은 반드시 페이스북을 해야 해요.

나는 그때까지 SNS라는 것은 트위터 정도의 소꿉놀이 세계로만 이해하고 있었다. 가입은 되어 있었으나 그 매체가 가지는 익명성과 정치 편향의 천박성에 질려서 거의 거들떠보지 않고 있었다. 이미 주변의 많은 문인들이 트위터에 활발하게 글을 올리고 있는 중이었다. 그러나 내 마음속에선, 명색이 문인이라는 자들이 그따위 휘발성 유아 매체에 글을 남긴다는 것 자체에 지독한 거부감과 염증을 금치 못하고 있었다. 140자 안쪽으로만 글을 쓸 수 있는 트위터는 그 자체로 한계일 수도 있고 매력일 수도 있을 듯싶었지만, 어쩐지 그 누구도 촌철살인의 절묘한 몸체를 보여 주지 못하고 있는 것 같았다. 날마다 한심하기 짝이 없는 일상의 잡담이거나 남의 말 베끼기 일색일 뿐이었다. '독자들 보기에 쪽팔리지도 않나?'라고 나는 속으로 그들을 무시해 주었다.

페이스북에 대한 아무런 이해 없이 처음 그것에 접속하자 참으로 몽롱하였다. 누가 데려다 주지 않아도 스스로 이미 삶이 남김없이 몽롱한데 인터넷의 네트워크 공간조차 몽롱하였으니 더할 나위 없이 몽롱할 수 있게 된 셈이었다. 아무것도 모른 채, 내가 쓰는 글을 누가 읽는 것인지도 모른 채 최초의 친구였던 후배 두 명과 노닐겠다며 빈말을 올리는 것으로 포스팅이 시작되었다. 내가 처음 올린 글은 이러했다.

맨날 그렇게 취해 있으면 시는 도대체 언제 써요? 하고 어떤 분이 물었다. 나는 말없이 또 한 병을 비우며 혼자 조용히 천장을 바라봤다. 파리똥 무늬가 고요했다. 술 안 마실 때에만 골라 쓰느라 18년 만에 시집을 냈다는 걸 말해 주기 싫었다.

그런데 참 신기하지. 글을 올리자마자 개구리 알처럼 '친구 요청'이 쇄도했다. 놀랍게도 대부분 내가 모르는 사람들이었다. 내가 모르는 사람들이 '친구'를 '요청'해 오다니! 나는 그 공간에서의 친구 개념조차 이해하지 못한 채 그냥 날마다 별 궁리 없이 내 몽롱한 생각들을 옮겨 대기 시작했다. 마침 나이 들어서 입주하게 된 변두리 문학 창작촌은 학창 시절 내핍과 결핍과 궁핍과 완핍에 극하였던 자취생의 향수를 고스란히 불러오기에 충분했다. 나는 실제로 날마다 술에 취하였고, 갈아입을 내복과 양말을 걱정했으며, 라면을 주식으로 야위어 가고 있는 중이었다. 일상의 안팎을 옮기는 것만큼 쉽고 고소하고 재미진 일이 또 어디 있겠는가.

나는 삽시간에 단칸 사글세방에서 가난과 외로움과 절망과 분노와 슬픔에 겨워 나날이 황폐해져 가는 노총각(또는 홀아비) 폐인쯤으로 자리가 정해졌다. 어둡고 춥고 축축한 자리가 내 정체성의 주차장이었다. 그저 놀자고 만든 무대에 스스로 갇혀 버린 형국이었다. 그러거나 말거나, 나는 아랑곳없이 내 잡문과 놀았다. 나에겐 아직 벗어나지 못한 영혼의 허기가 흉터처럼 새겨져 있었다. 어루만지지 못하고 지나친 옛 시절의 고통과 상실이 고스란히 남겨져 있었다. 나는 그것들을 불러다가 하나하나 이름을 불러 주었다. 내가 나에게 베푸는 위로와 치유의 한 방편이었다.

그런데 이건 뭐지? 사람들은 내 속내와 무관하게도 내가 쓴 글에서 비치는 궁기와 허기와 취기에 열광하기 시작하였다. 알 수 없는 일이었다. 이토록 화창하고 기름지고 찬란한 세상에 나처럼 스스로를 바닥으로 내팽개친 채 저물어 가고 있는 한 패배자의 전형에 박수를 보내고 있다니.

전국에서 라면과 시래기와 김치와 쌀과 영양제와 기타 등등의 '위문품'들이 답지하기 시작했다. 진심으로 죄송하게도 나의 폐인 코스프레에 속아 넘어가 준 '친구'들의 선량한 구호물자들이었다. 아직도 이토록 순진하고 순박하고 순정한 사람들이 살아 있다는 게 놀라울 지경이었다.(이러하니 정치인과 종교인의 거짓말인들 어찌 살아남지 못하겠는가. 시바.)

그러나 페이스북을 통한 나의 '독자 직거래' 글쓰기가 세월을 입을수록 시가 오지 않는 나날 또한 길어졌다. 나는 페이스북을 통해 '훌륭한 시인'의 '개폼'으로부터 자유로워졌지만 시의 '외롭고 높고 쓸쓸한' 영성으로부터 버림받았다. 내게로 오는 시의 바람결을 옮겨 적는 법을 잊었다.

그리운 것이 생겨나지 않는다는 것은 죽어 간다는 것이다. 추억만이 유일한 은신처가 된 사람은 더 이상 시를 쓸 수 없는 사람이다. 대상과 정면으로 부딪쳐 저항할 의지가 없는 사람은 더 이상 시인이 아니다. 그러면 이제 나는 시인도 되기 전에 폐인부터 되어서 하릴없이 죽어 가는 중일까? 모르겠다. 일상은 여전히 몽롱하고 평화롭다.

몽롱하게 그립고 평화롭게 그립지 않다. 그러하니 어디에도 존재하지 않는 나를 데리고 나는 언제쯤 다시 시를 쓸 수 있을 것인가. 잡문가여, 잡문가여, 몽롱한 베스트셀러 잡문가여!

류근

시인이다. 1992년 〈문화일보〉 신춘문예에 당선되어 시인으로 등단했다. 등단 후 18년 만인 2010년 자신의 첫 시집 《상처적 체질》을 발표했다. 고 김광석에 의해 불린 노래 〈너무 아픈 사랑은 사랑이 아니었음을〉은 그가 대학교 때 쓴 노랫말이다. 현재 2인 동인 '남서과 술꾼'으로 활동 중이다. 그 외 산문집으로 《사랑이 다시 내게 말을 거네》가 있다.

그가 그립다

정주영

보
고
싶
다

당신의
전속
이발사

노무현 대통령님, 저 기억하시겠어요?

정주영입니다.

당신의 전속 이발사입니다.

어느덧 5년의 시간이 훌쩍 지났습니다. 제가 모셨던 당신이 더 멀리 달아나기 전에 당신과 함께했던 기억이라도 추스르려고 이렇게 편지를 씁니다.

대통령님, 사람은 누구나 자기 자신이 남들에 비해 잘하는 특기 하나 정도는 갖고 태어난다고 하는데 제게는 무엇인가를 잘 가꾸고 매만질 줄 아는 남다른 손재주가 있었던 모양입니다. 그 덕분에 당신과 인연이 되었죠.

　　제가 대통령님과 가깝게 된 것은 민주당 후보 경선 시절부터였던 것으로 기억합니다. 민주당 당사가 여의도에 있었던 탓에 이때는 자주 저를 찾아 주셨죠. 그때 당신이 나를 부르는 호칭은 '사장님'이었습니다. 그리고 의자에 앉으시면 이발하는 다른 직원들이 있어도 "사장님이 해 주세요." 이렇게 말씀하셨죠. 머리를 어떻게 해 달라는 주문은 없었습니다. 그냥 제가 하자는 대로, 해 주는 대로 편안하게 이발을 맡기셨습니다. 후보 경선이다 보니 텔레비전에 모습이 많이 비칠 수밖에 없었는데 당신 머리의 이발이 잘되었다는 얘기를 주위에서 들으면 그 얘기를 제게 전해 주곤 하셨지요. 그때는 기분이 아주 좋았답니다.

　　우여곡절 끝에 당신은 대통령 후보가 되셨고 이때는 저도 이발사로서 당신에게 도움을 준 것 같아 무척 기뻤답니다. 그리고 진짜 대통령에 당선이 되어, 그 이튿날 오셔서 "사장님 덕분에 됐습니다."라고 하셨을 때는 지금껏 살아오면서 가져 본 감정 중에 감격이라는 것이 무엇인지를 처음 느껴 본 순간이었습니다. "대통령이 되셨으니 이제부터는 축하드린다는 의미에서 이발 값을 안 받겠습니다." 이렇게 말씀드렸는데 혹시 생각나시는지요? 물론 그 후로도 이발료는 꼬박 꼬박 내셨지요.

대통령님.

당신이 청와대에 들어갈 즈음 제게는 대통령 전속 이발사라는 별칭이 생겼습니다. 그때는 저도 속마음으로 '혹시나 내게 머리를 해 달라고 맡기지 않으실까?' 하고 막연하게 기대하고 있었답니다. 솔직히 그러고 싶었고요. 그런데 실제로 제의가 왔고, 저는 이것저것 따져 볼 것 없이 기쁜 마음으로 받아들였습니다. 대한민국 최고의 이발사가 되는 순간이었답니다. 아닌 게 아니라 주위에서 제 손을 황금손이라고 하며 만져 보자는 사람이 있을 정도였고 축하도 정말 많이 받았답니다.

저는 대통령님 재임 기간 5년 동안, 그러니까 임기의 시작과 끝을 같이했습니다. 비상근으로 일주일에 한 번씩 저녁 8시경에 관저에 들어갔었죠.

대통령님, 제가 관저에 처음 들어간 날을 기억하시는지요?

"정 선생, 어서 오세요." 손을 번쩍 드시면서 반갑게 맞이해 주셨답니다. 어느덧 저에 대한 호칭이 사장님에서 선생으로 바뀌어 있었고요. 시간이 조금 지나고 저한테는 선생이라는 호칭이 낯설고 어울리지 않는 것 같아서 "그냥 편하게 말씀 놓으셔도 됩니다." 했더니 "그게 잘 안됩니다. 그냥 갑시다." 하셨어요. 동갑내기인 저에 대한 배려를 당신은 그렇게 하셨던 건데 지금 생각해도 당신의 따뜻한 성품과 성격이 이 호칭에 담겨 있지 않나 생각합니다.

대통령님.

저는 탄핵 소동과 직무 정지 기간 중에 있었던 관저의 밤을 생각해 봅니다. 누구도 입을 쉬이 열지 못하는 침묵과 긴장의 날들이었죠. 적막강산 그 자체였답니다. 실내 조명등까지도 그때는 왜 그리 침침했던지. 그 당시 갓 태어난 외손녀가 당신에게는 유일한 낙이셨어요. 내외분께 그 외손녀가 없었다면 그 시기를 지나오기가 힘드셨을 테지요. 외손녀 앞에서 두 분은 정말 순수한 할아버지, 할머니의 모습이었답니다.

당신은 올백 스타일의 머리를 좋아하셨죠. 그것이 단정하면서도 나름 기품이 있는 스타일이라 여기셨던 것 같았어요. 저는 여기에 약간 파마를 해서 머리카락이 흐트러지지 않게 해 드렸답니다. 탄핵이 풀리고 다시 집무가 시작될 때는 머리를 짧게 깎아 달라고 하셔서 당황한 적도 있답니다. 지금 생각하니 그것은 아마 국민들에게 대통령으로서 보일 수 있는 의지, 자신을 탄핵하려 했던 정치권에 보내는 메시지가 아니었을까 여겨집니다.

관저 이발소는 일고여덟 평 정도의 크기에 큰 거울이 놓여 있고 텔레비전이 있었습니다. 이발은 대개 저녁 8시 이후에 한 시간에서 두 시간 정도 했고요. 두 시간을 한다는 것은 당신이 곤히 잠들었을 경우였고, 대개는 한 시간 정도면 마무리되곤 했습니다. 이발을 하는 동안에는 텔레비전을 곧잘 보셨드랬죠. 주로 다큐멘터리나 뉴스였습니다. 가끔 〈도전 골든벨〉 같은 퀴즈를 보시면서 문제들을 함께 풀곤 했는데 맞히면 정말 좋아하셨습니다. 언젠가는 〈도전 골든벨〉 마지막 문제를 제가 풀자 "정 선생, 어떻게 아셨어요?" 하면서 저를 칭찬하던 모습이 선합니다.

또 한미 FTA 협상이 한창 진행 중일 때 서울시청 광장의 군중 시위가 뉴스 화면을 타고 나오자 저는 당신의 심기가 불편할까 봐 노심초사하면서 "저 사람들 저러면 안 되는데……." 혼잣말로 들릴 듯 말 듯 중얼거렸죠. 그런데 "괜찮습니다. 협상에 오히려 도움이 될 수도 있습니다." 당신은 이렇게 말씀하셨답니다. 그때는 무슨 뜻인지 몰라 깜짝 놀랐지만 지금 보니 정말 대통령으로서의 담대한 생각을 가지고 계시는 분이라는 걸 다시 한 번 느끼는 계기가 되었습니다.

"이 의자에만 앉으면 잠이 왜 이렇게 잘 오는지 모르겠어요. 이

그가 그립다

의자를 집무실로 옮겨 놓을까요?"

지금 생각해도 웃음이 절로 나는 말씀이셨답니다. 또 이발 중에는 운동이나 일상에 관한 이야기도 많이 나누었습지요. 그리고 언젠가는 대뜸 "정 선생은 무슨 노래 좋아하세요?" 하시기에 "울고 넘는 박달재 좋아합니다." 했더니 한번 불러 보라 하셨죠. "술이 없어서 다음에 부를랍니다." 했답니다.

대통령님.

돌이켜 보면 당신은 격의 없는 참으로 편안한 분이셨습니다. 이발을 하러 오실 때는 일부러 크게 인기척을 낸다든가 콧노래를 부르면서 상대방의 긴장을 풀어 주곤 하셨어요. 그리고 유난히도 큰 목소리로 "오셨어요. 어서 오세요."라며 반기셨고 끝나고 돌아갈 때는 "수고했습니다. 안녕히 가세요."라고 인사해 주셨지요. 그 목소리가 지금도 제 가슴에는 파도처럼 일렁이고 있습니다.

대통령님.

이제 당신은 이 세상에 없습니다. 인기척 소리며 웃음소리며 아직도 그때의 기억들은 생생한데, 지금도 손을 번쩍 들어 "정 선생, 어서 오세요."라고 하실 것만 같은데 당신은 지금 다른 세상에 가고 없습니다. 저를 최고로 만들어 주시고, 꿈을 이루어 주신 분이 당신인데 그런 당신이 없는 세상이 되었습니다.

대통령님!

그때가 무척 그립습니다. 저는 지금도 가위와 빗을 들고 제 일에 최선을 다하고 있는데, 제가 모셨던 당신은 없다는 것이 이리 마음 아프게 합니다.

제가 마음속에 담아 둔 당신은 '올바르다고 믿는다면 행동으로 보여야 한다.'입니다. 당신은 생각한 대로 하셨고 저 또한 그렇게 살아가려고 노력하렵니다.

정수영

여의도에서 이발소를 운영하면서 대통령 노무현의 머리를 깎은 우연한 기회로 그를 알게 되었다. 그리고 그것이 인연이 되어 청와대를 출입하고 해외 순방까지 함께하며 전속 헤어디자이너라는 영광을 누리게 되었다.

김상철

되
고
싶
다

진짜이고
싶은

노무현 대통령 생애, 정책, 철학 등에 관한 자료를 수집·정리·공개하는 사료편찬사업 가운데 하나가 구술 기록 수집이다. 노 대통령 생전에 공적으로, 사적으로 관계했던 인사들을 만나 노무현과 함께했던 인연과 기억을 구술로 받아 정리하는 일이다.

나처럼 구술을 받는 처지에서 소중한 건 나름 유명 인사 외에도 일반 시민을, 정확하게는 노무현과 인연을 간직하며 일반 시민으로 살아온 사람들을 만날 수 있다는 점이다. 거기에는 두 가지 이야기가 겹친다. 그들이 기억하는 노무현 이야기, 노무현을 기억하는 그들의 이야기. 그 두 가지 이야기는 만날 때마다 새삼스럽고 때로 가슴을 친

그가 그립다

다. 아래 이야기는 그들이 기억하는 노무현 이야기의 몇 장면을 추린 것이다.

1956년 어느 날, 봉하마을의 한 집 마루에 초등학교 4학년 아이와 선생님이 나란히 앉았다. 선생님은 가정방문 중이었다. "니, 공부하는 건 어떻노?" "형하고도 잘 지내나?" 물음에 답하면서도 아이의 눈길은 자꾸 땅바닥으로 향했다. 선생님이 집에 오셨는데 어머니, 아버지 모두 일 나가시고 자기 혼자 있는 게 괜히 미안했다. 선생님도 그런 눈치를 챘을까. 얼마 안 있어 자리에서 일어났다. "선생님 이만 간다. 부모님한테도 말씀드리고."

홀로 남은 아이를 뒤로하고 돌아가는 길, 어느새 사위가 어둑어둑해졌다. '무현이가 매일 이 길을 혼자 다닌단 말이지.' 선생님 마음도 괜히 쓸쓸해졌다.

1964년 가을, 고등학교 2학년인 한 학생에게 운동장에 나와 있는 두 명의 동기가 새삼 눈에 들어왔다. '쟈들은 점심시간에 밥 안 먹고 뭐하나.' 한번은 운동장에 나와 있던 그 친구에게 직접 물었다.

"니는 와 나와 있는데?"

"뭐, 밥 다 먹고 그냥 심심해서 나와 있다."

점심시간이면 같이 운동장에 있던 또 한 친구에게 '밥 다 먹고

심심해서 나와 있다'던 그 친구의 이야기를 나중에 들었다.

"도시락 안 싸 왔으니까 나가 있는 거지. 내도 배가 너무 고파서 맹물 마시고 있는데 무현이도 오더라. 같이 물 마시면서 무현이가 그러데. '야, 지금은 우리가 이렇게 배고프고 어렵지만 꼭 성공해서 다음에는 한번 삐까뻔쩍하게 잘살아 보자.'고."

'삐까뻔쩍하게 잘살아 보자'던 그 학생은 1966년 2월 졸업을 앞두고 농협 입사 시험을 봤다. 시험 준비를 하면서도 자신만만했다. 친구들에게 '내 아니면 걸릴 사람 아무도 없다'고 큰소리쳤다. 하숙비로 가져온 돈도 친구들끼리 막걸리를 사 먹으며 다 써 버렸다.

시험 당일. 과연, 시작했다 싶더니 오래지 않아 시험장을 나왔다. 기다리던 친구가 물었다.

"어떻게 그렇게 빨리 나오나? 어려워서 포기한 거 아이가?"

"이거야 뭐, 학교에서 시험 치는 거보다 더 쉽다. 암만해도 전국에서 내가 톱(top) 하겠다 싶으다."

그러고는 보기 좋게 낙방했다는 결과를 받아들었다. 친구가 물었다.

"무현아, 니 우찌 된 건데? 그렇게 잘 쳤다면서 왜 떨어졌냐?"

"내도 모르겠다……."

그해, 많은 일들이 벌어졌다. 어망 만드는 회사인 삼해공업에 첫 취업한 청년은 한 달 반 만에 그만두고 고향으로 돌아와 고시 공부를 시작했다. 책값과 생활비를 벌려고 울산 공사장에서 일하다가 큰 못을 밟아 크게 다쳤다. 밀린 밥값도 못 갚고 도망치듯 집으로 왔다. 답답할 때면 부산에서 사업을 시작한 고등학교 동기를 찾아가 만났다. 그 친구는 만날 때마다 광복동 시내로 데려가 술을 사 줬다. 청년의 눈엔 부산 광복동은 낯선 환락가였다.

"야, 굳이 이런 데까지 와서 술을 사 주나. 차라리 그 돈으로 내 책을 사도."

"무현아, 책만 봐가 니가 사시 걸리겠나?"

"책만 봐도 된다."

"알았다. 그럼 내가 책 사 줄게. 근데 학원도 안 가고 정말 되겠나?"

"마, 될 수 있다. 나는 한다."

9년 뒤인 1975년 3월 청년은 17회 사법시험에 합격했고 1977년 만 서른하나의 나이에 대전지법 판사가 됐다. 형사재판부의 좌배석판사. 그해 말, 재판 하나를 끝낸 형사부에 회식이 잡혔다. 자주 가던 한정식집. 밤 10시나 됐을까, 또래 동료 판사와 함께 화장실에 가는 그의 뒤로 나이 많아 보이는 한 인사가 한마디 던졌다.

"젊은 것들이 이 시간에 이런 데 와서 술이나 먹고."

거나하게 취한 모습이었다. 화장실 다녀오는 길에는 아예 대놓고 욕설을 쏟아 냈다.

"니 뭔데, 와 그라는데?"

혈기왕성한 초임판사가 그 사람의 멱살을 잡고 방으로 끌어왔다. 또래 판사 둘이 합세했다. 상이 엎어지고 난리가 났다. 한바탕 사단이 지나가고 술 취한 그 인사를 보내 줬더니 바로 옆방으로 가는 것이 아닌가. 이윽고 한정식집 주인이 들어와 낮은 목소리로 말했다.

"그 양반, 공화당 중앙당에 조직부장이래요. 오늘 대전에 현판식 있어서 온 거라는데……."

어색한 분위기 속에 회식이 끝났다. 다음 날 아침, 출근한 노 판사가 말했다.

"제가 총대 메겠심더."

"……."

어제의 일행들이 사무실로 찾아와 점심을 같이 먹으면서 사건은 별 소란 없이 '종결 처리'됐다. 이 일 전후에도 노 판사의 입에선 '내가 총대 메겠다'는 말이 자주 나왔다고 한다.

초임판사는 길지 않은 법원 생활을 정리하고 1978년 5월 부산에서 변호사 개업을 한다. 변호사 업무 분야가 전문화되어 있지 않던 시절, 그는 등기와 조세 등으로 특화해서 많은 돈을 벌기 시작했다. '삐까뻔쩍하게 잘살아 보자'던 다짐은 마침내 현실이 됐다. 아마도 그의 생애에서 가장 돈을 많이 벌던 시기 아니었을까.

그즈음 군법무관으로 복무하던 사법연수원 동기가 휴가를 내고 부산으로 찾아왔다. 1966년 막 사법시험을 준비하던 자신에게 고등학교 동기가 부산에서 술을 사 줬던 것처럼, 이제는 변호사가 된 그가 군 복무 중인 연수원 동기에게 저녁을 사 줬다. 돈 신경 쓰지 말고 많이 먹으라며 변호사는 말했다.

"하아, 요즘 같아선 하늘을 나는 새라도 불러서 밥 먹자고 하고 싶어."

날아가는 새한테도 밥 사 주고 싶을 만큼 잘나간다는 얘기였다. '레코드 로얄'. 자기 집 전세보다 비싼 차를 몰고 다닌다며 깨알자랑도 했다.

그렇게 잘나가던 세속의 변호사는 1981년 9월 부림사건 변론을 맡으면서 인권변호사, 민주화운동의 길로 뛰어들었다. 1987년 6월항쟁과 제13대 대선을 거치며 1988년 제13대 총선에 첫 출마했다. 부산 동구에서 상대 후보가 선거운동원들에게 일당 3만 원을 챙겨 줄 때 자신의 운동원들에게는 꼬박꼬박 점심값 5천 원만 지급하며 선거를 치렀다. 선거운동하던 어느 날, 지구당 여성부장을 맡은 아주머니가 후보에게 말을 꺼냈다.

"노 후보님, 우리가 선거 자금 많이 쓰는 것도 아니고 여유가 좀 있잖아예. 당원들 욕보는데 회식 한번 하입시다."

후보는 자신보다 아홉 살 많은 여성부장에게 날벼락을 내렸다.

"여성부장님! 선거 끝난 것도 아니고, 우리가 지금 회식할 형편입니까!"

버럭버럭 질타가 이어졌다.

"하이고, 내가 다들 수고하는데 그냥 집에 보내기 미안해서 하는 말이지. 고마 됐습니다."

그렇게 모은 돈을 그는 울산, 마산 등지에 출마한 노동자 후보에게 지원했고 당선 뒤에는 부산민주시민협의회와 같은 시민단체가 새 사무실을 얻는 자금으로 쓰게 했다.

이후 그의 궤적은 많은 사람들이 알고 있는 대로다. 소외 계층, 특히 노동자들에 대한 지원의 연장으로 의정 활동을 시작했고 1990년 3당 합당을 겪으며 지역 구조와 분열의 극복, 국민 통합을 위한 지난한 정치의 길로 접어들었다. 2002년 대한민국 제16대 대통령에 당선됐으며 참여정부 5년을 일궈 내고 고향 봉하로 돌아가 영원한 시민으로 남았다. 굳이 그 이전의 면모를 단편적으로 소개한 것은 상대적으로 덜 알려졌기 때문만은 아니다. 그 시대 많은 분들이 그러했듯 출생과 함께 주어진 가난이 지긋지긋했고 언젠가는 '삐까뻔쩍'하게 잘살자고 다짐했다. 세속의 성공도 맛보았지만 많지 않은 나이에 또한 그러하듯 때로 '욱' 하며 사고도 치고 버럭버럭 성질도 냈다. 어찌 보면 통속적이다. 그만치 더 가깝게 느껴지지 않을까.

이렇게 사족을 다는 것은 이번엔 노무현을 기억하는 사람들의 이야기를 하기 위해서다.

후보에게 버럭 면박을 당했던 여성부장 아주머니처럼 1988년 부산 동구 지구당에서 첫 선거를 도왔던 사람들은 이후에도 정치인 노무현과 함께했다. 당선된 후 1990년 3당 합당을 거부하고 노무현이 홀로 남았을 때 자신들도 같이 남았다. 그리고 부산에서 나오는 족족 떨어진 선거마다 도왔다. 서울 종로에 출마했을 때는 원정까지 가서 도왔다. 그때나 지금이나, 동네 주민이고 서민이다. 그래서 무엇이 남았을까. 1988년 선거 당시 여성부의 막내는 이제 환갑을 바라보는 나이에 이렇게 말했다.

"선거철이 되면 '이번에는 누가 이렇다, 저렇다' 얘기하는 자리가 나오잖아예. 그때는 이렇게 말할 수 있을 거 같아예. 옛날에 노무현이라는 사람이 말하더라. 우리도 조금 더 좋은 세상을 만들고자 하면 투표를 잘해야 한다. 그러면 내 자식이 좀 수월케 살고 내 손자가 수월케 산다 하더라. 그러니까 앞에 있는 것만 보지 말고, 정치인 싫어서 투표 안 한다 하지 말고 먼 날을 생각해서 조금 더 좋은 사람에게 투표하러 가야 한다. 그렇게 말을 하고 싶습니다."

1996년 '노하우'와 같은 소프트웨어 개발 업무로 원외정치인 노무현과 인연을 맺은 한 프로그래머는 2000년 부산 북강서을 선거 낙선 직후 '바보 노무현'과 가진 술자리 얘기를 지금도 꼭 품고 있다.

"제가 그런 질문을 한 건 처음이자 마지막이었을 텐데요, '정치라는 게 도대체 뭔가요?'라고 물어봤어요. 그러시더라고요. '법은 너무 느리게 변한다. 사람에게 문제가 생기거나 법이 잘못되면 고쳐야 되는데 그러기까진 시간이 걸리니 그 갭(gap)을 메우기 위해서 정치인이 존재하고 정치가 존재하는 것이다. 그래서 난 정치를 한다.' 더 그럴듯하게 설명하셨는데 하여튼 뜻은 그랬어요. 법으로 모든 걸 할 수 없기 때문에 정치가 있는 거구나. 이후에도 그 말씀을 많이 생각했죠."

첫 선거 당시의 여성부 막내와 이 프로그래머의 기억은 노무현과 맺은 관계에 대한 훌륭한 보상이거나 대단한 깨달음이었을까. 불손해 보일지 모르겠지만 솔직히, 그래 보이지 않는다. 알 만한 사람은 아는 얘기 아닌가. 그럼에도 이 사람들은 왜 그런 '소박한 대가'를 가슴에 담고 사는 것일까.

가정방문을 마치고 쓸쓸한 마음으로 돌아오던 초등학교 4학년 담임 선생님은 18년 뒤인 1974년 인혁당 사건에 연루돼 8년간 옥살이를 했다. 홀로 집을 지키던 그 아이는 2002년 대통령 후보가 됐다. 당시 칠순이 다 된 선생님은 가능한 한 자리를 피하려고 애썼다.

"노무현이 대통령 하는 데 피해를 주면 안 되거든. 은사라는 사람이 인혁당이다 뭐다 해뿔면 말이지. 그래서 내가 필히 조심했다고. 대통령 되고 나서도 언론에서 인터뷰 요청이 왔는데 다 거절했다고. 괜히 해 가지고 뒤에 가서 또 좌파니 이런 소리 나올까 봐서."

'변호사' 노무현이 '변호인' 노무현이 되고 이후 정치를 시작해 대통령이 되기까지 줄곧 교류해 왔던 한 사법연수원 동기는 2009년 봄, 수사를 지켜보며 검찰이 기소하면 변론을 맡기로 결심했다. 노무현을 도우려면 자신이 세운 회사를 떠나야 했고, 그는 그러기로 했다. 하지만 서거로 인해 그 결심은 실행되지 못했다.

"내가 능력이 출중해서도 아니고 면피하기 위한 것도 아니었어요. 이 사건을 외면하고는 이후에 내 삶이, 마음이 불편해서 못 견딘다, 정말 외로운 사람이 외로울 때 도와줘야지 내가 나 몰라라 하면 그 이후로는 내가 어떻게 떳떳하게 생활하느냐, 그런 생각에서 내린 결론이었어요."

노무현을 기억하는 사람들의 이런 이야기는 살면서 흔치 않게 겪는, 특별한 이야기들일까. 이 또한 불손해 보일지 모르겠지만, 그렇지 않다고 생각한다. 사람들은 누구나 예기치 않은 혹은 뭔가 선택해야 할 상황에 처하기 마련이다. 그럼에도 다시 묻게 만든다. 이 사람들은 그때 왜 그랬을까. 노무현을 알아서? 노무현을 위해서?

이제 내가 품고 있는 한 장면을 이야기해야겠다. 2011년 장마 초입에 부림사건 관계자 구술 인터뷰를 위해 부산에 내려갔다. 미리 모여 주신 몇몇 분들과 인사하고 이야기를 듣고 술자리가 이어졌다. 이십 대 피 끓는 나이에 서른다섯의 변호사 노무현을 처음 만났던 그들은 오십 대가 됐다. 이 얘기, 저 얘기, 그 얘기가 술과 함께 오가던 중 한 분의 말이 가슴에 박혔다.

"우리도 '노변'처럼 진짜가 되고 싶었잖아. 깜은 안 돼도 그래도 진짜가 되고 싶었잖아."

'노변'이라 불렀는지, '대장'이라 불렀는지 정확히 기억은 안 나지만 그 말은 확실했다. '진짜가 되고 싶었다.'

그랬다. 노무현은 '진짜'였다. 그 전에 스스로 진짜가 되려고 노력했다. 가난에서 세속의 성공까지, 앞서 소개한 노무현 이야기는 충분히 통속적이다. 굳이 노무현만의 이야기로 읽히지 않는다. 그런 노무현은 부림사건으로 처음 접한 국가의 폭력에, 3당 합당에서 겪은 불의와 반칙에 솔직하게 반응했다. 그리고 정치인으로서 지역 구조와 분열의 극복, 국민 통합의 길로 일관했다. 그리하여 가까이서 일한 사람들이 접한 노무현과 멀리서 지켜본 사람들이 아는 노무현이 다르지 않은, 진짜가 되었다.

노무현을 기억하는 사람들도 그러하지 않았을까. 노무현을 투영해 자신도 뭔가 진짜이고자 했던 것 아니었을까. 노무현에 대한 기억이, 혹은 노무현이 아니라 그를 아는 내가, 그를 기억하는 우리가 진짜이고 싶은 마음 말이다.

2009년 5월 23일 노무현의 서거는 다시 많은 사람들에게 그런 마음의 불을 지피게 했을 것이다. 적어도 노무현 서거 전과 후는 뭔가 달라야 한다고 맘먹게 만들었던 건 그래서일지 모르겠다. 내 삶의 한 줄기라도, 한 자락의 작은 신념이라도, 내가 좇는 한 줌의 가치라도 다시 진짜이고 싶다는, 진짜여야 한다는 절실함이 꿈틀대는 것. 진짜 같은 느낌, 진짜라는 확신, 어느 순간 이왕이면 그로 인해 내 삶도 진짜이고 싶다는 마음 말이다.

나는 그렇게 진짜이고 싶은 사람들이 노무현을 멀리 보지 않았으면 좋겠다. 닿기 힘든 경지라고 평가하지 않았으면 좋겠다. 그의 삶은 성공보다 실패와 좌절이 더 많았다(고 나는 생각한다). 그렇기 때문에 보편적이다. 세상에 성공을 거머쥔 선택받은 사람들이 얼마나 되겠는가. 게다가 큰소리 뻥뻥 친 시험에서 떨어지고, 술자리에서 시비 붙고, '내가 좀 살아' 하며 넌지시 자랑하던 부림사건 이전의 노무현은 뭔가 더 친숙하지 않은가. 또 다른 면에서, 그 이후의 노무현도 우리와 멀리 있지 않다. 그를 간직해 온 사람들의 이야기를 다시 보자. 선거란, 투표란, 정치란…… 세상에 없던 깨달음이 아니었을 것이다.

그런데 왜 그렇게 소중했을까.

정치인 노무현, 대통령 노무현은 우리가 잊고 있었거나 알면서도 해 오지 않은 것, 옳다고 생각하지만 동의하지 않았던 것들을 실천했다. 도전했고 일관했다. 생각해 보면, 노무현이어서 했지만 노무현만이 해야 할 일은 아니었다. 그리고 노무현은 도전과 실천의 결과로 받아 든 한계와 실패만큼을 남은 사람들의 몫으로 남겨 줬다. 해야 하고, 하면 할 수 있을 것 같은, 지금 안 돼도 언젠가는 결국 될 것 같은 딱 그런 난이도의 과제, 때론 승리를 위해 각자 최선을 다하고, 패배하면 '처음 진 것도 아닌데, 한두 번 진 것도 아닌데' 하며 툭툭 털고 일어나게 만드는 딱 그런 무게의 숙제 말이다.

노무현은 우러러볼 만큼 높은 곳에 있지 않았고, 눈 내리깔아야 할 것처럼 위압적이지도 않았다. 우리가 받아 든 숙제도 그러하다고 믿는다. 설혹 풀지 못하더라도 사람들이 그 숙제를 포기하지 않는다면 결국 노무현과 다르지 않은 진짜가 될 것이다. 그들이 기억하는 노무현 이야기와 노무현을 기억하는 그들의 이야기가 행복하게 만나고 우리는 더 많은, 노무현 없는 노무현 이야기를 할 수 있을 것이다.

김상철

한국기자협회, 〈경향신문〉에서 10년 남짓 기자 생활을 했다. 2005년 4월부터 임기 마지막까지 참여정부 청와대 홍보수석실에서 행정관으로 근무했다. 2011년부터는 노무현재단에서 노무현사료연구센터 책임연구원으로서 노 대통령 생애, 정책, 철학 등에 관한 자료를 수집·정리·공개하는 일을 하고 있다.

신충진

●

잡
고
싶
다

식사하세요

노무현 대통령이 임기를 마치던 2008년 2월 25일, 나는 봉하행 열차를 타고 있었다. 누구도 내가 그 열차에 타고 있으리라고는 생각지 못했을 것이다. 그날 나는 바뀐 대통령의 요리를 청와대에 남아 있는 다른 요리사들에게 아무 탈 없이 준비하도록 해 놓았다. 그리고 노무현 대통령이 가는 도중 드실 수 있게 도시락을 준비해서 열차에 올라탔다. 이게 공식적으로는 마지막으로 차리는 식사라는 생각이 들어 평소보다 더욱 신경을 썼다. 열차가 출발하고 점심시간이 되자 대통령 내외께 도시락을 내밀었다. 그때야 대통령은 내가 동행한 사실을 알았다.

"아니, 자네는 여기 있으면 안 되는 사람 아닌가?"

대통령은 깜짝 놀라며 내 도시락을 드셨다.

봉하마을에 도착해서 나는 이것저것 세간 정리를 도왔다. 사저 곳곳을 둘러보면서 내외분이 지내는 데 행여 불편한 게 있을까 봐 나름 내가 할 수 있는 일을 찾아서 몸을 움직였다. 일을 마치고 서울로 돌아가기 위해 사저를 나서자 대통령께서 배웅의 손을 내미셨다.

"내년 꽃 필 때쯤 가족들하고 한번 오시게."

평소와는 달리 서운함이 밴 나지막한 목소리였다. 나는 속으로 타는 눈물을 참고 가까스로 대답했다.

"네, 꼭 그렇게 할게요."

그러나 1년 뒤 나도 대통령도 그 약속을 지키지 못했다.

노무현 대통령 재임 기간 동안 세상 사람들은 나를 대통령 전속 요리사라 부르기도 하고, 청와대 총주방장이니 청와대 셰프라 부르기도 했다. 관저와 공관의 식사, 연회, 만찬, 귀빈, 식음료 행사 등 청와대의 음식을 관장하는 것이 내가 하는 일이었다. 세상 사람들은 나를 청와대 셰프라 불렀지만 대통령 내외분은 나를 '신 부장'이라 부르셨다. 사람을 대할 때는 격의 없이 편안하게 대했던 평소의 성품 때문에 신 부장이라 부르는 것이 편하셨던 모양이다.

당시 사람들이 가장 궁금해한 것은 "대통령은 어떤 음식을 좋아하시나요?"였다. 그런 질문을 받을 때면 나는 "선생님은 어떤 음식을 좋아하시나요?" 되물어 보곤 한다. 아무리 생각해도 대통령은 일반 사람들과 별반 다를 게 없었다. 굳이 예를 들자면 삼계탕이나 붕어찜 정도가 특별히 좋아하셨던 음식이랄까. 그저 평범한 우리 한국 사람들의 입맛이었다. 된장, 고추장 등 토속적인 것들을 좋아하셨다. 라면과 김밥 그리고 일명 모내기국수도 좋아하셨다.

모내기국수는 잔치국수 비슷한 것인데 물국수에 부추를 얹은 것을 모내기국수라 한다. 농부들이 들에서 일을 할 때 즐겨 먹는 경상도 지방 음식이다. 가난했던 옛 추억이 있던 분이라서 모내기국수를 좋아하셨던 모양이다.

한번은 막창구이를 해 드린 적도 있다. 나는 뭘 해 드릴까 궁리하다가 막창구이를 생각해 내고는 그걸 숯불에 구워 드렸다. "아, 그래, 이런 게 있었어. 이걸 왜 몰랐지?" 하시면서 아주 좋아하셨다. 그날 이후로 나는 막창구이를 자주 해 드렸다.

해외 순방을 나가면 현지 음식을 먹는다. 그러나 그 만찬이 끝나고 호텔 숙소로 돌아오면 대통령은 가끔 라면을 특별히 찾으셨다. 권 여사님은 현지 음식에 잘 적응하셨던 것 같은데 대통령님은 어지간한 한국인 체질이셨던 것이다. 한번은 해외 순방 중에 봉지 홍삼즙을 드렸는데 "이건 비싸 보이는데 얼마나 하나?" 하고 물으셨다. "네, 아주 비싼 겁니다." 했더니 "그래, 그럼 남기지 말아야지." 하시고는 쫙쫙 짜서 드시는데 옆에 있는 사람, 나의 기분을 그렇게 좋게 만들어 주셨다.

청와대 관저의 식사 시간은 아침은 7시, 점심은 12시, 저녁은 6시 반이다. 대통령은 이 시간만큼은 누구라도 철저히 지키게 했다. 이 시간을 지키지 못하면 주방에서 일하는 사람 힘들지 않게 하려고 아들 내외 가족이라도 밖에서 식사를 하고 들어오게 했다.

그리고 주방 식구들이 서서 대기하거나 기다리게 해서는 안 된다는 말씀을 자주 하셨다. 서서 대기하면 허리에 무리가 가니까 절대 그러지 말라고 하셨다.

"신 부장, 나라도 이 시간에 나타나지 않으면 인터폰을 하게."

대통령께서도 특별한 사정이 있지 않는 한 이 시간만큼은 솔선수범 지키려고 엄청 노력하셨다.

음식이라는 것은 더운 건 더운 대로 찬 건 차가운 대로 음식이 차려진 그 시간에 먹어야 효과가 있고, 그 음식을 만든 사람도 그것을 좋아하는 것은 인지상정이다. 그러니만큼 식사 시간을 지킨다는 것은 주방을 총괄하는 나로서는 매우 기쁜 일이었다.

어쩌다 집무 때문에 30분 정도 늦으신 일도 있었다. 나는 감히 인터폰을 해서 "식사하세요."라고 할 생각은 못 하고 기다리고 있었다. 식사를 안 하실 때는 미리 연락을 주셨기 때문에 늦는 것뿐이지 틀림없이 오실 거라고 생각하고 기다렸다. 아니나 다를까 대통령께서 허겁지겁 식당으로 들어오셨다.

"신 부장, 인터폰을 하라고 하지 않았나!"

그런 날은 많이 미안해하면서 식사를 하셨다.

나는 누가 시켜서가 아니라 내 자신의 일이었기 때문에 청와대에 들어온 날부터 휴일 없이 일했다. 다른 주방 직원들의 휴일은 잘 챙기게 했으면서도 내 자신은 휴일에도 관저의 식사를 준비했고, 연회나 귀빈 방문 등의 예기치 못한 상황이 있을까 봐 늘 대기하는 자세였다.

그러던 어느 일요일이었다. 그날은 의정부에 중요한 약속을 해놓았던 터라 의정부로 가고 있었다. 자동차가 의정부 초입에 막 들어섰을 때 주방 직원한테 전화가 왔다.

"부장님, 여사님께서 점심때 냉면을 준비해 달라고 하세요."

지금까지 뭘 준비해 달라고 얘기한 적이 없던 분이 냉면을 준비해 달라고 하신 것이다. 그것도 하필이면 내가 관저 밖에 있는 시간에 말이다.

그가 그립다

"그래요. 그러면 해 드리면 될 텐데요."

"재료 준비가 안 되어서 못 한다고 했습니다."

전화를 끊고 잠시 생각에 잠겼다. 그깟 냉면을 못 한다고 했다고 하니 너무 어이가 없었다. 나는 다시 전화를 걸어 "오늘 냉면 준비한다고 하고 식사 시간을 30분 정도만 늦추어 주세요."라고 전했다. 나는 의정부로 가던 차를 돌려 청와대로 향하면서 그때부터 전화로 요리를 하기 시작했다. 큰 호텔에는 항상 재료들이 준비되어 있다. 어디가 요리를 맛있게 하는 음식점들인지는 평소에도 전화번호를 저장해 두고 있었다. 그날 그렇게 해서 냉면을 준비했고 점심 식사에 나갈 수 있었다. 이때 나는 처음으로 직원들을 불러 모아 놓고 일장 훈계를 하게 되었다.

내가 청와대에서 일하던 기간 중에 병환 중이시던 어머니가 돌아가셨다. 그날은 대통령께서 해외 순방길에 오르는 날이었고 동행자 명단에는 어김없이 내 이름도 올라가 있었다. 동생으로부터 어머니가 돌아가셨다는 전화를 받는 순간 눈앞이 깜깜했다. 당장 출발해야 하는데 그런 전화를 받은 것이다. 그런데 동생은 나의 사정을 알고 '나랏일이 더 중요하니까 걱정하지 말고 순방길에 오르라'고 하였다. 나는 고민 끝에 동생에게 장례를 잘 부탁한다는 말을 남기고 비행기에 올랐다. 그러던 중 모친상을 당했다는 소식이 대통령께 전달되었던 모양이다. 대통령께서도 그 소식을 듣고 "자네 괜찮겠나?" 물어보셨다. "네, 사실 저는 쌍둥이입니다. 저와 똑같이 생긴 동생에게 잘 부탁하고 왔습니다."

"이 사람, 아무리 그래도 그렇지 어머니 가시는 길인데……."

그때 대통령께서 하신 이런저런 말씀이 많이 위안이 되었다.

사람의 입맛은 매양 똑같은 장소, 매양 똑같은 재료, 매양 똑같은 사람의 손맛에서 나오는 음식을 아무리 길어도 1년 정도 먹다 보면 질리게 되어 있다. 아무리 길어야 1년 6개월을 넘지 못한다. 실제로 전직 대통령들의 셰프들은 지금까지 그런 이유에서 1년 6개월을 넘기지 못하고 교체되는 것이 일반 관례처럼 되어 있었다. 나도 그때가 오면 청와대를 나가야 한다는 생각을 갖고 있었다. 그렇다고 이것 때문에 불안하거나 불편해하지는 않았다. 요리사로서 최고가 되어 대통령을 모셨다는 것만으로도 나는 만족했다.

그런데 1년이 지나고, 2년이 지나도 청와대 셰프를 바꾼다는 얘기가 없었다. 그렇게 시간이 지나가길 3년 반 정도 되었을 즈음이었다. 대통령께서 나를 조용히 불렀다.

"신 부장, 말들이 많지? 그냥 늘 있는 일이라고 여겨. 여기서 그렇게 하지 않으면 스트레스 받으니까. 알겠지. 딴 생각 하지 마."

그가 그립다

어깨를 툭 쳐 주셨다. 모르긴 해도 주방장 교체 이야기가 나왔을 것이다. 그래서 대통령께서 그 말씀을 하셨던 게 아닐까 하고 여긴다. 그날 이후로 나는 주방장 교체와 관련된 그 어떤 이야기도 듣지 못했고 대통령께서 퇴임하는 날까지 대통령과 함께 청와대 셰프 자리를 지킬 수 있었다. 나는 청와대에서 시작과 끝을 같이한 몇 되지 않은 사람 중에 한 사람이었다.

내가 그날 봉하에 도착해 짐 정리를 도와 드리고 떠날 때쯤 대통령께서 차를 한 잔 권하시면서 이렇게 물었다.

"자네는 내가 예정에도 없이 사람들을 부르고, 또 예고 없이 찾아온 손님들도 많았는데 어떻게 그 많은 음식을 준비할 수 있었나?"

나는 그분의 감사한 마음에 뿌듯함을 느끼며 속으로 빙그레 웃었다. 그 말 한마디에 지난 5년 동안 지고 있던 세월의 무게를 다 내려놓은 듯이 가뿐한 마음이 들었다. 그렇게 다시 청와대로 돌아온 나는 다음 날까지 내 임무를 다하고 인수인계를 마친 다음 청와대를 나섰다.

꽃 피는 봄날 봉하에 가족들과 함께 다녀가라 하셨던 대통령 말씀에 그렇게 하겠다고 했던 나의 약속, 우리의 약속. 나는 그 약속을 지키지 못했다. 그리고 그해 대통령은 홀연히 우리의 곁을 떠났다.

지금도 '신 부장, 신 부장' 하시던 대통령의 목소리가 들려온다. 이렇게 봄은 오고 5월은 또 오는데 지금 그분이 없다.

내 인생 최고의 고객이었던 그가 없다. 그분이 지금 내 곁에 없다. 그가 그립다.

신충진

요리사이다. 제주에 있는 신라호텔에서 총주방장으로 일하다 대통령 노무현과 인연이 닿아 청와대에서 요리사로 일을 하게 되었다. 서양 요리 전문이지만 지금은 서울 어느 대학 앞에서 자그만 치킨집을 운영하고 있다.

그가 그립다

김갑수

심
고
싶
다

나쁜
취향

또 한 무더기 재즈LP를 사 들고 들어왔다. 재즈 동네에서라면 교과서와도 같은 버브(VERVE), 블루노트, 파블로 등의 레이블을 중심으로 카운트 베이시나 길 에반스, 콜맨 호킨스 등의 초기 밴드 시절 음반 수십 장이다. 재즈의 본질은 스윙에 다가가는 것이라고들 말한다. 스윙은 춤이다. 르네상스 시기의 모든 음악이 궁정에서의 '댄스'로 단일하게 묶이듯이, 재즈 역시 거슬러 가면 춤과 만나는 어떤 종류의 르네상스다. 나는 춤을 출 줄 모른다. 하지만 자리에 앉아서 듣는 비밥 스타일의 아트 블래키에게서도, 혹은 클래식 음악 같은 느낌의 키스 자렛이나 달라 브랜드의 피아노 연주를 틀어 놓고서도 마음속으로

그가 그립다

춤을 춘다. 기쁨과 슬픔의 춤, 환멸과 비통의 춤, 현실과 비현실의 춤.

책장에 꽂히지 않는 책이 한 권 있다. 언제나 책상 언저리 반경 3미터 거리에서 뒹군다. 그 뻘건 표지의 책은 때로 왼쪽의 프린터 위에서도, 의자 뒤편 빈 공간에서도, 혹은 빈 공간 뒤편의 침대맡에서도 뒹군다. 《나쁜 취향》. 열심히 읽는 편은 아니지만 시인 강정이 쓴 책 《나쁜 취향》은 한번 꽂히면 다시 꺼낼 일 없어지는 책꽂이로 들어가 박히지 않는다. 인디밴드 '3호선 버터플라이' 이야기가 나온다. 타르콥스키, 파솔리니의 영화, 이소룡의 근육, 수전 손태그나 랭보, 허수경 시인을 탐구한다. 김지하의 시에서 헤비메탈 원조 그룹쯤 되는 블랙사바스의 음악을 읽어 내는가 하면 다이안 아버스와 앙드레 케르테즈의 사진 작업을 음미한다. 미시마 유키오와 박상륭 소설을 비교한 글도 있다. 정말로 겁 없이 나쁜 취향이다. 강정이라니 이름이 무슨 옛날 과자 같은데 한 번도 만나 본 일은 없다. 차라리 다행이다. 그는 쿨한 척하면서 엄청나게 끈적끈적한 자일 것이다. 동류의 예단일까, 나쁜 취향.

아내는 아주 명료하고 단순한 세계에서 산다. '김대중 선생님'과 '우리 노무현'을 자랑스러워하는 것이 그녀의 인생철학이다. 사람들과 어울리기 싫어하는 데다, 나이 먹더니 전공 공부는 밀쳐 두고 밤마다 미국드라마 보기에 열중한다. 그녀와 나는 부부이고 매우 친한 사이지만 함께 살지는 않는다. 바퀴벌레처럼 엉켜 사는 것이 피차 취향에 맞지 않아서 결혼하고 몇 년이 지나자 우리는 거처를 따로 두기로 결정했다. 나는 '작업실'이라는 공간에서 밥 해 먹으면서 따로 산다. 주말이면 아내와 아이가 사는 집에서 가족 상봉을 하는데 날마다 비비적대는 것보다 낫거니 싶은 때가 많다. 서로 반가워하니까. 아내는 주중에 무얼 하며 살까. 그녀의 행적을 알 방법이 있다. '위디스크', '파일노리' 따위의 영화 파일 다운로드 사이트에 들어가면 그새 아내가 받아 놓은 미국드라마 명단이 뜬다. 저 사람이 보는 신작이 이거였군. 어, 요즘 하는 〈K팝스타〉도 보고 있네?

나는 아내의 고향놀이가 무척 재미있다. 그녀의 고향은 전라도 안에서 시시때때로 시, 군이 바뀐다. 계기가 있었다. 직업이 내과의사라 노령의 장기 환자들이 많은데 조금 친해졌다 싶으면 한결같이 아주 조심스레 고향을 묻더란다. 처음엔 이유를 몰랐다. 그저 노인이 되면 남의 고향이 궁금한가 보다 했다. 당연히 "아버지는 평안남도 출신이고 저는 서울에서 나서 자랐어요."라고 사실대로 말했는데 가만 보니 다른 뭔가가 있었다. 출신지로 사람을 구분하는 거였다. 한마디로 전라도냐 아니냐가 궁금했던 것이다. 어느 날 짙은 경상도 사투리 쓰는 할머니의 물음에 이북 출신인 걸 말하자 할머니는 활짝 안심하는 표정을 지으면서 말 폭포를 쏟아 냈다. 김대중 빨갱이, 전라도 뒤통수 운운하는 악의에 찬 느닷없는 욕설이었다. 그 할머니 사람 잘못 봤다. 아내에게 김대중은 언제나 '선생님'인데 참 어이없고 분하더란다. 그날 아내는 애꿎은 나에게 화를 냈다. 왜 어디서 태어난 것이 멸시 천대의 근거냐고. 그런 소리 하는 사람이 바로 멸시 천대 받아 마땅하다고. (누가 아니래나!)

그 뒤로 아내의 고향이 호남으로 창조됐다. 누가 고향을 물어보면 "아, 네, 저 담양이요, 해남이요, 광주요, 순천이요." 그때그때 아무 데나 생각나는 전라도 지명을 고향이라며 짐짓 진지한 표정으로 응대해 준단다. 그럴 때마다 경상도 출신들은 입을 닫고 전라도 출신들은 과도하게 반가워하고. 나쁜 취향이다.

그 녀석 이름을 적고 싶지는 않다. 다만 왕성하게 신문 잡지에 기고를 하면서 자꾸만 나와의 친분을 거론하여 세상에서는 둘 사이가 죽고 못 살게 가까운 줄 아는 네 살 아래 유명 인사 친구가 있다. 실제로 가깝기도 하다. 외국에 살면서 종종 들어오는 녀석이 가장 먼저 찾아오는 곳이 나의 이 지하 작업실이다. 만나면 끈끈한 대화가 오간다. 여자, 돈, 일의 뒷골목 사정들. 그러니까 공개적으로 말하기 힘든 프라이버시를 공유하는 것이다. 하지만 이제 더 이상 그의 카톡도 전화도 없다. 요 며칠 유럽 여행에서 돌아와 국내에 있는 것을 뻔히 아는데 내게 찾아오지 않는다. 휑하니 이사 간 빈집처럼 마음의 간격이 생겨 버린 것이다. 언젠가 그에게서 온 카톡 내용이다.

'나는 더 이상 형에게 리스펙트를 가질 수 없어. 껍절한 예능 프로그램에 나가 온갖 헛소리로 인생을 허비하는 형은 앞날에 대체 뭐하자는 거지? 돈벌이가 그렇게 중요해?'

나를 찾아오던 오랜 세월 동안은 리스펙트가 존재했었던 모양이다. 더 이상 존중할 수 없다는, 나와 친하다는 사실이 창피하게 여겨진다는 그를 떠올리면 뻐근한 심장의 통증을 느낀다. 그래, 나는 창피한 사람이야. 나는 스스로를 창피한 사람으로 규정하기로 결정했다. 하지만 그의 절교 선언 가운데 한 가지는 답변을 해야겠다. '앞날에 뭐하자는' 그런 게 내게는 없다는 것. 앞날이 없다는 게 뭔지 그는 알까? 나는 내 인생을 20세기에서 마감하기로 정한 지 꽤 오래다. 루카치가 없고 밀란 쿤데라가 애매해지고 이성복의 시가 더 이상 감흥을 주지 않는 이 21세기가 하나도 재미없다. 더 이상 직업적 혁명가들의 전설적 행적도, 스튜던트 파워와 6·8학생혁명의 에너지도, 지미 헨드릭스, 재니스 조플린, 짐 모리슨의 스물일곱 살 죽음도 없는 이 시작부터 늙고 낡아 버린 21세기가 정말로 재미없다.

게다가 나이 오십이 넘었다. 이 나이에 의미 있는 미래를 넘보

그가 그립다 ●

는 건 염치없는 일 아닐까. 연명. 어떻게 되어도 좋다는 기분으로 연명의 나날을 보낸다. 연명의 일용할 양식을 위해 아무 데나 나가서 아무 말이나 하면서 어떻게든 살아가는 거다. 내게 사명을 일깨우고 의미를 강요했던 선각들의 흐물흐물한 현재가 떠오른다. 혹시라도 내가 늙도록 흐물흐물해지지 않고 어떤 가치를 담은 미래를 개척할 종자로 보였다면 그건 누구의 착각일까. 그렇게 본 사람의, 혹은 그렇게 보이도록 폼 잡은 나 자신의 망상과 착각, 어느 쪽? 종편 채널 예능 프로그램 단골 출연자를 창피해하는 친구에게 모기만 한 소리로 말한다. 부디 너라도 안 창피한 세상에서 용맹 정진하여라. 창피함 또는 나쁜 취향 혹은 나쁜 새끼.

각기 다른 두 여자에게서 성욕을 느낀다는 얘기를 들었다. 한 여자는 온몸이 꼬인다고 했고 또 한 여자는 '뇌가 섹시해서 그렇다'는 좀 진부한 유행어를 동원했다. 그런데 유감스럽게도 성욕의 대상이 내가 아니다.

먼저 여자 1. 잘 안되는 꽃집 주인인 그녀는 시간이 많다. 온종일 인터넷을 들락거리며 시간을 죽이는데 어찌어찌하다가 벙커1 강의 동영상에 열광하게 됐다. 거기서 강신주를 발견했다.

"옷 입은 바지 아랫도리가 불룩한 거예요. 아, 그 남자를 만날 방법이 없을까요?"

　　강의 내용 대신 강사의 불룩한 아랫도리부터 거론하는 심사는 뭘까. 허다한 연예인 놓아두고 대중철학자라는 이름에 기대는 그 팬덤은 허영심일까. 그녀의 긴 얘기를 요약하면 강신주의 그 자유함, 그 해박함, 그 무모함에서 참을 수 없는 연정을 느끼게 됐단다. 그 연정의 해면체에 피가 고여 구체적인 욕정으로 비화된 케이스다. 그녀는 강신주 사생팬을 자처하며 모든 흔적을 추적하고 다닌다고 했다. 좀 뜨더니 요즘 언론에서 두들겨 맞는 중인데 어떻게 생각하냐고 물었다. "거, 질투해서 그런 거예요." 단칼에 자른다. 단단히 빠졌거나 미쳤거나. 하여튼 철학자의 불룩한 아랫도리가 여심을 달군다는 얘기는 처음 들어 본다.

　　다음은 여자 2. 그녀가 한번 자고 싶다며 열광하는 사내는 김어준이다. 그리고 그 이유가 명확했다.

　　"진중권이 똑똑해 보여요? 허당이에요. 유시민요? 상대가 안 된다고요. 해방 이후 제일 똑똑한, 그래서 너무나 잡아먹고 싶은 남자가 바로 김어준이라고요."

　　뭐, 해방 이후씩이나. 아무튼 그녀는 욕정의 발원지를 머리에서 찾는데 꽃집 아줌마의 불룩한 아래와 뭐가 다른지는 모르겠다. 그래도 똑똑함과 섹시함이 어떻게 상통하는지 논리적으로는 막연한데 감

그가 그립다

성적으로는 즉각 이해된다. 나는 그녀에게 김어준이 어디가 똑똑하냐고 항의하지 않았다. 태생적으로 페미니스트이고 매우 대단한 직업을 가진 전문인인 그녀에게 김어준적 마초성이 어떻게 수용되느냐고 묻지도 않았다. 아름다운 연정으로 포장하지 않고 한 방 하고 싶다고 말하는 직정성이 맘에 들어서였다. 하지만 그녀 눈빛 속에 나는 조금도 똑똑하게 비치지 않는다는 걸 너무나 잘 알겠기에 슬펐다. 나쁜 취향의 달뜬 여인들.

진보정권 10년은 너무 짧았다. 김대중, 노무현에 이어 정동영, 문재인 정권으로 이어지고 있었다면 나는 다른 삶을 살고 방송에 나가 다른 얘기를 하고 있었을 것 같다. 가령 내 안에 언뜻언뜻 숨어 있는 고전주의가 전면에 나타났을지도, 어른 비슷한 것이 되어 고매한 말을 늘어놓고 있었을지도, 나아가 삶을 긍정하라는 행복 전도사가 되었을지도, 심지어 겨레와 민족을 사랑하자는 심한 말까지 하고 있을지도.

나는 그의 노제가 열리는 시청 광장에서 평생 울 걸 다 울어 버렸다. 호곡을 했더니 목구멍이 찢어지는 듯했고 소매로 눈가를 자꾸 닦았더니 피가 묻어 나왔다. 아무렇게나 돼도 좋다는 생각이 그때 싹텄나 보다. 노무현 죽고 문재인 떨어지고 앞날은 더 깜깜하고 다 함께

축생의 길을 간다. 더러운 아수라장에서 토하고 싸고 뭉개는 하루하루다. 우리 아무렇게나 살자. 진짜 나쁜 취향으로다가.

김갑수

시인이자 문화평론가이다. 1984년 《실천문학》을 통해 시인으로 등단했다. 음악 칼럼리스트로도 오랫동안 활동했으며 지금은 방송인으로서도 활발한 활동을 하고 있다. 지은 책으로 《삶이 괴로워서 음악을 듣는다》 《텔레만을 듣는 새벽에》 《나의 레종 데트르―쿨한 남자 김갑수의 종횡무진 독서 오디세이》 등이 있다.

그가 그립다

신경림

살
고
싶
다

눈길

시를 쓰고 발표한 지도 어언 예순 해가 되었으니 꽤 오랫동안 시를 써 온 셈이다. 이쯤 되었으면 시 하면 언제든 쑥쑥 뽑아낼 수 있는 도사가 되어 있어야 할 법도 하지만, 다른 시인들도 다 하는 소리로, 시 앞에서는 처음 대하듯이 늘 긴장하고 쩔쩔맨다. 그나마 나이 들어서도 시가 전혀 안 써지거나 싫어지는 일이 없는 것은 다행인데, 그동안 시를 쓰면서 때때로 시가 안 써지거나 아주 싫어진 적이 있었다.

우선, 〈갈대〉 등 몇 편의 시를 발표하면서 문단에 나온 바로 뒤가 그랬다. 1955년이니까 휴전이 된 지 불과 이태밖에 지나지 않았을 때다. 그 무렵 나는 학교를 빼먹으면서 매일처럼 청계천 일대의 고서

점을 뒤지고 다녔다. 학교 강의에 영 재미를 붙이지 못했던 것이 첫째 이유다. 전쟁 바람에 서재에 박혀 있던 책들이 쏟아져 나와 청계천을 따라 4가에서 7가에 걸쳐 늘어선 고서점에 산더미로 쌓여 있던 시절이다. 헌 책을 뒤지는 일도 재미있었지만 운만 좋으면 이미 금서가 되어 시중에서 자취를 감춘 귀한 책들을 싼값에 살 수 있다는 덤도 있었다. 백석의 《사슴》, 가와카미 하지메의 《가난 이야기》, 그 밖에 백남운, 전석담 등의 책을 구해 읽을 수 있었던 것도 이 고서점 순례 덕이다. 고서점에서 여러 친구들과도 알게 되었는데, 이 친구들로부터도 많은 것을 듣고 배우면서 나는 새로운 세상에 서서히 눈떠 갔다.

당시 서울은 전쟁의 참화가 그대로 남아 있어서, 맨 불타거나 허물어진 집뿐이었고, 가는 데마다 팔다리를 잃은 상이군인이며 오갈 데 없는 거지들이 득시글거렸다. 서울역 일대와 종로 2, 3가는 창녀로 뒤덮였고, 서울역이며 각 버스 정거장은 일자리를 찾아 서울로 몰려드는 젊은이들로 밤낮없이 혼잡을 이루었다. 그때 우리가 얼마나 가난했는가는 당시의 우리 국민소득이 50달러인 데 비해 북한은 160달러, 필리핀은 300달러라는 한 자료가 잘 말해 준다. 산업 시설이라고는 전국적으로 전무해서, 우리가 만들 수 있는 물건이라고는 빗자루밖에 없다는 자조의 비아냥이 나올 지경이었다. 경제만이 문제가 아니었다. 이승만 독재는 더욱 극성을 부리고 독재 체제라는 온상 속에서 부패는 극에 달하면서 가난에 시달리는 국민들을 조롱했다. 경제고 정치고 나아질 전망은 전혀 보이지 않은 채 전국을 어두운 먹구름이 뒤덮고 있었다. 고서점에서 만나는 책과 친구들은 나로 하여금 이러한 현실에 새삼 눈을 돌리게 만들었고, 나는 차츰 회의에 사로잡혔다. 이런 현실에 살면서 〈갈대〉 같은 오늘의 삶과는 동떨어진 시를 쓴다는 것이 과연 옳은 일인가 깊이 생각하게 된 것이다. 그 뒤에도 〈심야〉, 〈사화산〉, 〈그 산정에서〉, 〈유아〉 같은 몇 편의 시를 더 써서 발표하기는 했지만, 이렇게 생각하기 시작하니 시 쓰는 일이 점점 재미없어지고 신명이 나지 않았다. 마치 헛발질을 하고 있는 것 같은 허망함을 좀처럼 떨쳐 버릴 수가 없었다.

결국 다른 여러 사정까지 겹쳐 7, 8년 가까이 방황하면서 시를 쓰지 못하게 됐다. 그동안 시를 버리고 다른 일을 찾아보려는 노력을 하기도 했다. 돈벌이를 하겠다고 광산에서 일하는 친구를 찾아가기도 하고 장사하는 친구를 따라다니기도 했다. 무슨 시험을 치르겠다고 공부를 해 보기도 하고 학원에서 아이들을 가르쳐 보기도 했지만 나한테 만만한 일은 없었다. 새삼스레 깨달은 것은 내가 가진 재주라고는 그나마 글 쓰는 일이라는 사실이었으며, 그렇다면 앞으로는 시를 쓰되 지금까지와는 달리 현실에 깊이 뿌리박고 있는 시, 내가 살고 있는 오늘의 삶이 담긴 시를 쓰자는 생각을 하면서 다시 시 쓸 생각을 하게 되었다.

그런 생각을 하면서 제일 먼저 쓴 시가 〈눈길〉이다.

그가 그립다 ●

아편을 사러 밤길을 걷는다

진눈깨비 치는 백리 산길

낮이면 주막 뒷방에 숨어 잠을 자다

지치면 아낙을 불러 육백을 친다

억울하고 어리석게 죽은

빛바랜 주인의 사진 아래서

음탕한 농지거리로 아낙을 웃기면

바람은 뒷산 나뭇가지에 와 엉겨

굶어 죽은 소년들의 원귀처럼 우는데

이제 남은 것은 힘없는 두 주먹뿐

수제빗국 한 사발로 배를 채울 때

아낙은 신세타령을 늘어놓고

우리는 미친놈처럼 자꾸 웃음이 나온다

_〈눈길〉 전문

이 시를 쓰면서 시 쓰는 일이 신명 나기 시작했다고 말해도 괜찮을 것이다.

시를 못 썼다기보다 시 쓰는 일이 지겹고 재미없던 시절이 또 있다. 80년대 초중반이 그랬다.

10·26, 5·18을 거치면서 많은 금기가 깨어졌고, 통일이며 노동

문제가 문학에 있어서도 중요한 문제로 다루어지게 되었다. 이 과정에서 일부 젊은 비평가들은 '통일문제, 노동문제를 다루지 않은 문학이 어찌 이 시대의 올바른 문학일 수 있는가?'라는 주장을 내놓으면서 선배 문학인들을 압박했다. 나도 당연히 이 주장에 압도되었다. 노동문제를 소재로 한 시를 써 보겠다고 노동 현장을 기웃거리기도 하고 통일운동가들의 주장을 그대로 옮긴 시를 써 보기도 했다. 그러나 남들이 다 하는 옳은 소리나 뒤쫓아 하고 없는 목소리를 쥐어짜 통일을 외치는 따위는 내 체질에 맞지 않았다. 그리고 이것은 내가 생각하고 있는 현실에 깊이 뿌리박은 시와도 한참 거리가 있었으며, 시가 '무엇을 위해' 있어야 한다는 의견에는 더더욱 동조할 수가 없었다. 시가 옳은 소리나 하고 사람들 앞장서서 그들을 끌고 간다고 생각할 때 시는 거짓이 되고 위선이 되지 않을까 하는 생각도 하게 되었다. 관념의 틀속에 갇힐 때 시가 팔팔하게 산 것이 될 수 없다고 생각한 것이다. 나는 일단 이러한 요구에서 조금 비켜섰다. 그리고 관심을 둔 것이 민요였다. 본디 나는 민요니 민속이니 하는 것에 적잖이 흥미를 가지고 있었다. 장시 〈남한강〉도 이와 무관하지 않을뿐더러 이미 〈목계장터〉, 〈어허달구〉 같은 민요조의 시도 여러 편 써 온 터였다.

　　민요를 좀 더 제대로 공부하면서 본격적으로 민요시를 써 보자고 생각했다. 민요야말로 우리 민족의 것이고 그 가락은 곧 우리 민족의 가락이라고 생각한 것이다. 전국적으로 민요를 찾아다니기도 하고 노래운동으로서 민요운동을 펼치기도 했다. 민요조의 시를 시도한 것은 물론이다. 그러나 민요조의 시를 쓰면서 늘 어쩐지 그것이 내 오늘의 삶과 동떨어져 있다는 생각을 금할 수가 없었다. 내 목소리를 내는 대신 내 조상들의 목소리를 흉내 내고 있다는 생각을 떨쳐 버릴 수가 없었다. 그러자 시 쓰는 일이 점점 어려워지고 재미가 없어지기 시작했다. 신명이 나지 않으면서 억지로 시를 만드는 시절이 한동안 계속되었다.

결국 나는 민요 가락은 이미 생명력을 잃은 지난 시대의 것이고 그 말 또한 우리 시대의 말이 될 수 없는 전 시대의 말이라는 점을 뒤늦게 깨달았다. 그동안 우리말 공부를 다른 측면에서 열심히 했다고 생각하면서 나는 일단 민요시의 늪에서 빠져나왔다. 시란 오늘의 내 삶에, 오늘의 내 현실에 뿌리박은 것일 때 좋은 시가 될 수 있다는 사실을 다시금 확인하게 된 것이다. 민요에서 빠져나오면서 민족이니 통일이니 노동이니 하는 중압으로부터도 헤어날 수 있었다. 시가 이데올로기에 의해 관념화된 신화에 종속되거나 복무해서는 산 시가 아닌 죽은 시가 된다는 사실을 새삼스럽게 알게 되었기 때문이다.

시란 그 자체로 생명을 가진 존재로서 무엇에 얽매여 있어서는 안 된다. 한없이 자유스러운 것으로서 무엇을 위해서 있는 것도 아니며 무엇을 위해서 혹은 무엇에 따라서 쓰이는 것은 아니라고 생각하니, 시 쓰는 일이 다시 즐겁고 신명 나기 시작했다.

나는 대처로 나왔다.

이곳저곳 떠도는 즐거움도 알았다.

바다를 건너 먼 세상으로 날아도 갔다.

많은 것을 보고 많은 것을 들었다.

하지만 멀리 다닐수록, 많이 보고 들을수록

이상하게도 내 시야는 차츰 좁아져

내 망막에는 마침내

재봉틀을 돌리는 젊은 어머니와

실을 감는 주름진 할머니의

실루엣만 남았다.

내게는 다시 이것이

세상의 전부가 되었다.

_〈어머니와 할머니의 실루엣〉 뒷부분

신경림

1956년 《문학예술》에 〈갈대〉 등이 추천되어 본격적으로 작품 활동을 시작했고 만해문학상 등을 수상했다. 시집으로는 《농무》《새재》《가난한 사랑노래》 등과 산문집으로는 《시인을 찾아서》 전2권, 《민요 기행》 등이 있다. 2014년 현재 대한민국예술원 회원이고 동국대학교 석좌교수로 있다.

그가 그립다 ●

유시춘

닿고 싶다

가장
아름다운
문서

아르헨티나의 '5월 어머니회'는 지금도 다음 세 가지의 금도를 지킨다고 한다. 첫째로 실종된 자식의 주검을 발굴하지 않으며, 둘째로 기념비를 세우지 않으며, 셋째로 금전 보상을 받지 않는다. 왜냐하면 아이들은 아직 그들의 가슴속에서 결코 죽은 것이 아니며, 그들의 고귀한 정신을 절대로 차가운 돌 속에 가둘 수 없으며, 불의에 항거하다 죽거나 실종된 자식들의 영혼을 돈으로 모독할 수 없기 때문이다.

_〈5월 어머니회〉, 이시영

남미 여러 군사정권의 만행을 생각할 때마다 나는 〈5월 어머니회〉를 떠올린다. 그리고 그들이 어쩌면 인디오 유목민의 피를 분명히 이어받았다고 느낀다. 풀과 산천과 흰 눈과 들판 위의 곡식을 여물게 하는 햇볕과, 새들의 날개를 받쳐 주는 바람 등을 모두 인간의 생명과 동등한 존재로 여기는 우주관이 닮았기 때문이다.

인디언들에게 구전되어 온, 미국 9·11참사 추모제 때 낭송되어 지구인을 울린 인디언 구전 시(詩) 〈나는 천 줄기 바람〉은 인간도 우주 삼라만상의 일부분임을 나직이 읊조린다. 그래서 '내 무덤 앞에 서지도 울지도 말라'고 한다. '나는 그곳에서 자고 있지 않기'에. 나는 '불어 대는 천 개의 바람', '눈 위에 반짝이는 광채', '무덤 위에 내리는 부드러운 별빛'이기 때문이다. 인간의 생로병사와 유한성을 이토록 말끔하고 산뜻하게 그리고 유려하게 뛰어넘는 생각이 또 있을까?

세계대전의 종언과 함께 돛을 올린 신생 대한민국이 가난과 분단을 자양 삼아 비대해진 독재의 덫을 깨닫고 찬연히 일어선 1987년 6월민주항쟁은 스물두 살 두 청년의 죽음으로부터 발원하였다. 어린 청노루의 눈망울을 가진 두 청년은 지금 경기도 마석과 광주 5·18묘역에 잠들어 있다. 그러나 나는 그들이 결코 그 좁고 축축한 땅속에 갇혀 있다고 생각하지 않는다. 박종철과 이한열은 그 이전에도 숱하게 존재했고, 그리고 이후에도 민주주의 운영 체계에 적색등이 켜질 때마다 일어서고야 말 청년정신의 아이콘이다. 그들은 민주주의를 가르치는 새내기들의 교실에, 헌법이 보장한 주권자의 자유와 권리가 유린되는 현장에, 그리고 이를 개선하고자 하는 연대의 손들이 움켜잡는 곳에 늘 살아 있는 정신인 것이다. 나는 두 청년이 '불어 대는 천 개의 바람'으로 존재한다고 믿고 있다.

전두환 군사정권에 반대하는 한 수배자의 거취와 관련, 참고인 자격으로 영장도 없이 체포되어 끌려가 남영동 대공분실 515호에서 물고문으로 숨진 박종철. 1987년 6월 10일로 예정된 '민주쟁취국민운동본부'의 국민대회 전야제에 참석, 교문 앞 대열의 선두에 있다가 직격최루탄에 맞은 후 사투 끝에 숨진 이한열. 이들의 조국 대한민국 헌법은 분명히 고문을 금지하고 있다. 누구도 영장 없이 체포되지 않으며, 공정한 재판을 받을 권리를 지닌다. 집회 결사 양심의 자유를 보장하고 있다. 노동자는 노동3권의 권리를 가진다.

그런데 이런 아름다운 헌법을 가진 대한민국이 수도 서울의 심장부에서 청년을 고문해 죽이는 야만적인 일을 벌이다니! 군더더기 말이 필요 없거니와, 그때 헌법은 다만 법전 속에 가까스로 숨어 있는 미사여구였을 뿐이다.

박정희의 종신 집권 체제였던 '유신 왕조'의 '긴급조치'란 괴물은 헌법 위에 버티고 앉아서 유신에 대해 가타부타 말만 하여도 영장 없이 체포해 죽이거나 감옥에 처넣을 수 있었다.

하지만 중요한 것은 헌법이 명기한 조항이 아니라 주권자의 자유와 권리를 존중하는 권력 주체와 이의 운영을 지킬 수 있는 국민의 능력이다.

불쌍하게도 대한민국은 그 두 가지 모두 부족한 공화국이었다.

'조국 근대화'를 기치로 내건 군사정권은 공화국 주권자의 자유와 권리쯤은 안중에도 없었다. 그리고 주권자인 국민 또한 성장과 부국에 대한 일념으로 밤낮없이 일로매진하느라 개인의 존엄성 따위는 돌아볼 겨를이 없었다. 이러한 사회문화적 환경 위에서 국가권력이 자신의 마음에 안 든다는 이유 하나만으로 주권자의 생살여탈권을 휘두른 것이 1987년 6월항쟁이 있기까지의 정치 상황이었다.

그러나 너무 슬퍼할 필요는 없다. 인류가 만든 가장 아름다운 문서라 평가받는 〈유엔세계인권선언문〉을 인간 스스로 작성한 것이 1948년 일이다. '인권(human rights)'. 듣기만 해도 가슴 설레는 이 말이 만들어지는 긴 과정이 있었다. 20세기는 전쟁과 혁명의 세기였다. 인류는 두 차례의 세계대전을 겪었다. 살육과 피비린내가 지구를 덮었다. 오로지 무력을 앞세운 제국들이 그렇지 못한 나라를 식민지로 남김없이 나누어 가졌다. 민주주의 종주국인 영국이 광대한 인도를 지배한 세월을 생각해 보라. 새로운 도전에 응전할 정치력을 갖지 못한 조선이 일본 제국의 먹잇감으로 전락한 것은 예정된 수순이었다.

제2차세계대전의 피 냄새가 아직 채 가시지 않은 폐허 위에서 인류는 비로소 자각했다. 인간 생명은 어떠한 사상이나 체제나 이념보다 존엄한 것임을. 설령 피부색이 다르다 할지라도 서로 형제애로 사랑해야 하는 존재임을 깨달았다.

이로부터 45년 후, 1993년 6월. 음악과 예술과 커피로 기억되는 오스트리아 빈에서 유엔 주관으로 세계인권대회가 열렸다. 171개국 정부 대표와 800여 개 국제 NGO까지 합해 7천여 명이 모여 인권 합창을 했다. 인권, 환경, 개발, 기후 등이 새 시대의 화두로 부상했다. 이의 중요한 계기는 가파른 동구의 몰락과 냉전 체제의 종언이었다. 정치제도로서의 사회주의가 완전 패배에 이르자 그동안 양 진영에서 인식의 차이를 보여 온 인권의 범주와 내용에 대한 보편적 합의에도 비교적 쉽게 다다르게 되었다. 빈대회는 큰 성과를 거두었다. 인권, 민주주의, 경제 발전은 상호 밀접하게 연관되어 있다는 결론을 공유하며 이의 증진을 위한 행동 계획까지 수립했다. 그해 12월 최고의 결기구인 유엔총회에서 이를 공식 규범으로 채택한다. 그리고 회원국

그가 그립다 ●

을 향해 국가인권기구를 설립하기 위해서 준수해야 할 원칙들을 정립한다.

이 빈대회에 참석했던 한국의 인권활동가들은 설레는 가슴을 안고 돌아와서 국가인권기구 설립을 향한 대장정에 돌입한다. 그리고 1997년 대통령 후보였던 김대중 역시 이를 설레는 마음으로 대선 공약에 주저 없이 채택한다.

1993년 유엔총회가 국가인권기구 설립을 권고할 당시 6개국에 불과하던 회원국이 2013년 현재 130여 개국으로 확대 발전되었으니 실로 경이로운 일이다.

나는 1986년 고 조영래 변호사와 함께 우리나라 최초의 '인권보고서'를 썼다. '민주화실천가족운동협의회', '국민운동본부' 등 현장에서 활동하면서 인권 실상을 비교적 많이 접하고 있는 나를 조영래 변호사가 눈여겨본 거였다. 나는 그때까지도 그가 수많은 청년들의 가슴에 정의의 불씨를 던진 《전태일 평전》의 숨은 저자임을 몰랐다. 김지하 시인이 감옥에서 써서 몰래 반출했다고 알려진 '양심선언'이 그가 도모한 일임을 알 리는 더더욱 없었다. 이 사실은 1992년 그의 사후에 세간에 알려졌으니, 이 얼마나 아름다운 일인가!

인권과 관련한 일련의 활동으로 나는 2001년 10월, 숱한 파란과

역경 끝에 탄생한 국가인권위원회 상임위원으로 일하게 되었다.

부임하던 첫날, 나는 광화문 네거리에서 가을빛이 살짝 내려앉은 은행나무 잎사귀들 사이로 두 청년의 숨결을 느꼈다.

1980년 5월 18일. 나는 서울의 모 고등학교 국어 교사로 재직하고 있었다. 그날 출근길에 계엄 전국 확대 뉴스를 들었다. 15일 서울역에서 10만여 명이 집결, 민주화 일정을 요구한 대규모 집회를 마친후, 대학생들이 모두 학교로 돌아간 이후였다. 우리 집에서 기거하던 동생 시민의 안위가 맨 먼저 떠올랐다. 그러나 확인할 방법이 아무것도 없었다. 풍문은 살벌했다. 권총을 시민의 이마에 들이댄 군인이 끌고 갔으니 죽었을 것이라는 등 흉흉했다. 사나흘 잠을 자지 못하다가 천신만고 끝에 당시 서울대학교 학생처장이던 이수성 교수와 통화할수 있었다.

"누구든 아무것도 알 수 없는 상황입니다. 그저 살아 있기만을 기도합시다."

이것이 평생 잊지 못하고 있는 그의 말이다. 이후, 그도 체포되었다. 1990년대에 이르러서 '광주민주화운동'이라는 이름을 가지게된 '광주사태'의 살육이 진행되던 나날이었다.

이후로 한 달여간 시민의 생사를 알 수 없었다. 그것은 차마 '인간의 시간'이랄 수가 없는 것이었다.

그가 그립다

이것이 내가 맞닥뜨린 최초의 국가라는 괴물의 민낯이었다. 1980년 12월에는 유난히 눈이 많이 내렸다. 폭설 이후 혹한이 계속되던 연말, 나는 교도소에서 바로 군대로 강제징집된 후 강원도 화천에서 복무 중인 시민을 면회하러 먼 길을 갔다. 떡 한 말과 치킨을 싼 큰 보따리를 들고 화천행 시외버스를 탔는데 밖은 설국이었다. 겨울 나뭇가지는 얼음꽃으로 반짝이고, 산천은 유리처럼 빛났다. 그러나 도로는 얼어붙어 만삭에 가까운 임산부에게는 위험천만한 길이었다.

나는 그날 동생 시민을 보지 못하고 돌아섰다. GP근무라는 딱 한마디가 설명의 전부였다.

돌아설 때, 눈물이 흘렀으나 이내 얼어붙는 것 같았다.

이것 역시 냉혹한 국가의 얼굴이었다. 나중에 알고 보니 그때 시민은 최전방 초소에 들어간 것이 아니라 서울대학교 무림사건의 참고인으로 서빙고 보안사에 끌려가 고초를 당하고 있을 무렵이었다. 그래서였던가? 그토록 억장이 무너져 내린 것이.

그로부터 4년 후, 10월. 시민은 복학해서 복학생 조직의 대표가 되었다. 그리고 이번에는 '좌경극렬폭력분자'라는 이름이 덧씌워졌다. 신문·방송이 합세해서 공격했다. 정말 속수무책이었다. 내심으로 한 선배가 되뇌었던 말을 나도 그들에게 되돌려 주었다.

"관제 언론이여, 그대 이름 창녀이니 가랑이를 벌리는 대로 얻으리라."

시민은 다시 마산교도소에서 복역하게 되었다. 그 당시만 해도 마산은 서울에서 가장 먼 교도소였다. 하루에 돌아오기 어려운 길이었다. 여름 땡볕이 사나운 날, 나는 시민을 만나지 못하고 돌아왔다. 교도소 규칙을 어겨 면회도 서신도 금지하는 '금치(禁置)' 처분자라 했다. 이유를 따지자 함구한 채 대꾸조차 해 주지 않았다.

이것 또한 국가의 얼굴이었다. 1986년 5·3인천사태 직후, 막냇동생 시주가 열흘간 행방불명되었을 때 나는 더 이상 그런 국가의 폭력 앞에 얌전하게 슬퍼하고 있을 수만은 없었다. 함께 행방불명된 이들의 가족을 규합해서 그들이 감금되어 있는 송파의 보안사분실을 찾아내었고, 언론에 알리고, 집회를 열어 이 사실을 폭로하고 그들 민간인을 고문 수사한 보안사 요원들을 '인간 백정'이라고 지칭할 용기를 가졌다. 김수환 추기경께 직접 호소하는 한편으로는 변호사협회의 인권위원회에 의뢰해 보안사 요원들을 고소하고, 이후 재정신청까지 제기하기에 이르렀다.

물론 그러는 사이에 나는 학교에서 해직당했다. 내가 처음으로 구류(拘留) 사는 사이에 안기부, 치안본부 등에서 '빨갱이년' 파면을 요구하며 공갈 협박하니 학교도 어쩔 수가 없었을 것이다. 지금도 공포에 질려 있던 교장 선생님을 잊지 못한다.

노무현 변호사를 이 와중에서 여러 번 만날 뻔했다. 그러다가 직접 대면한 것은 1987년 한여름이었다. 나는 1987년 6월민주항쟁을 기획한 '국민운동본부'의 상임집행위원이었고, 노무현 변호사 역시 국민운동본부의 부산지부 상임집행위원장이었다. 6·29선언으로 인해 나는 짧은 징역을 굿바이하고 감옥 문을 박차고 나온 직후, 노동자를 선동한 죄로 구속된 그를 면회하러 마산으로 갔다.

유치장 쇠창살 너머로 씨익 웃는 노무현을 처음 보았다. 흡사 못줄 잡고 모내기하다가 막걸리 한 사발 하러 논둑으로 뚜벅뚜벅 마악 걸어 나온 젊은 농부처럼 보였다. 유난히 숱 많은 시커먼 더벅머리, 그을린 얼굴로부터 막강 포스가 건너옴을 느꼈다. 몸이 움칫 떨렸다. 돌아 나오며 동행한 '민주언론운동협의회' 간사인 최민희에게 물었다.

"저 사람 진짜 변호사 맞아?"

그리고 1988년 국회의원 노무현이 5공청문회에서 장세동과 정주영에게 숨 가쁘게 질의하는 것을 보았다. 지금까지 살면서 어떤 이의 '말'을 듣고 가슴이 흔들리고 눈물이 맺힌 것은 그때가 유일하다.

그리고 2001년 가을. 여의도 한화빌딩 지하 일식당에서 그와 마주 앉았다. 야권에서는 이른바 '이인제 대세론'이 지배할 때였다. 나는 그에게 후보 경선에 나가 이겨 줄 것을 청했다. 그래도 노무현이라면 한번 기대해 볼 수 있을 것 같았다. 나는 다시는 1980년대로 돌아가고 싶지 않다고 말했다. 이회창이 집권하면 일어날 수 있는 일은 충분히 예견할 수 있었다. 나는 다시 교도소, 법정, 거리를 배회하며 마른 빵으로 풍찬노숙해야 할 것이 뻔했다. 그는 고민하겠다고 했다. 헤어지면서 내 어깨를 가볍게 흔들며 그가 말했다.

"유 선생, 마아 그런 일이 쉽게 일어나겠심니꺼. 너무 걱정 마이소."

어둠 속으로 사라지는 그의 뒷모습은 위태로워 보였다.

당선자 시절이었던 2003년 1월 초. 시민단체들의 신년회 자리에서 그를 다시 대면했다. 그는 나를 보고는 수줍게 웃으며 목례했다. 누가 봐도 대통령의 위엄은 아니었다. 나는 그에게 다가가 덥석 손잡고 싶었지만 국가권력으로부터의 독립성을 생명으로 하는 인권위원인지라 그렇게 하지 못했다. 뒤에 생각하니, 소아병이었다.

그러나 곧이어 나는 노무현 대통령을 궁지에 몰아넣는 일에 주도적으로 나서게 되었다. 정부가 이라크 파병을 결정한 직후였다. 이모저모 아무리 곱씹어 봐도 미국의 이라크 침공은 명분 없는 전쟁이었다.

그가 그립다

우리 헌법 5조는 침략 전쟁을 반대하고 세계 평화에 기여할 것을 천명하고 있다. 아무리 봐도 정말 훌륭하고 자랑스러운 명문이다. 또한 국가는, 대통령은 그 무엇보다 국민의 생명의 안전을 최우선으로 지켜야 할 의무가 있다. 자연인 유시춘은 물론이고, 대한민국 인권위원 유시춘으로서도 이라크 전쟁은 명분 없는 일이었다. 그뿐만 아니라 이라크 전쟁으로 인한 고통은 고스란히 그 유서 깊은 역사의 땅에 가난하게 살고 있는 민간인들의 몫일 것이기 때문이었다.

국제적으로도 '이라크 전쟁 10문 10답' 같은 문건이 널리 유포되면서 미국의 침공을 비난하는 여론이 거셌다.

또한 국내의 시민단체들도 한결같이 반전여론을 이끌며 들끓었다. 심지어 미국의 파병 요구를 받아들인 노무현 대통령을 '부시의 푸들'이라고 야유하기까지에 이르렀다.

인권위원회는 'GO의 옷을 입은 NGO'라고 해도 무방할 만큼 추구하는 가치와 그 본성이 그러해야 할진데, 그러잖아도 이상주의적 경향의 시민단체들로부터 무능한 인권위원회라고 비난받고 있던 터였기에 침묵하고 있다가는 더 곤경으로 곤두박질칠 형국이었다.

나는 오래 고민을 거듭하다가 드디어 일을 시작하고 말았다. 인권위원회 전원위 소집을 발의하고 파병 반대 의견서를 썼다. 오후에 소집한 전원위 회의는 사안이 중대한 만큼 치료차 입원 중이던 위원

장만 불참한 채 전체 위원이 모였다.

토론은 길어졌다. 그리고 찬성 일곱 표, 반대 두 표로 반전 의견서를 채택했다. 당연히 파란이 일었다. 민주당 여러 의원이 인권위원회를 비난했다. 다음 날 〈동아일보〉는 의견서 채택 과정을 자세히, 그리고 가장 크게 보도했다. 나는 책임을 추궁당할 것을 각오했다. 거기서 그쳤으면 좋았으련만 나는 여기저기 방송에도 나가 반전 의견서의 내용을 되풀이했다.

"가령 큰 댐을 건설하려고 하면 산업통상자원부는 적극 추진하겠지만 환경부는 반대할 수도 있지 않나요? 인권위는 헌법 가치를 지키고자 합니다."

한바탕 회오리를 각오하고 있었는데 노무현 대통령의 예상 외 반응에 크게 허를 찔리고 말았다. 그는 평상시 어조로 지극히 낮게 말했다.

"인권위원회, 그런 일 하라고 있는 거 아닙니까?"

그에게는 대통령의 위엄과 권위가 애초부터 필요치 않았던 게 아닌가 한다. 그러니 '국민이 대통령입니다.'라는 슬로건이 너무 자연스러웠던 것이다.

그래도 후일에 생각하니 하필이면 내가 뭐 그렇게까지 나섰을까 하는 생각에 후회가 된다. 그리고 가슴 에는 일은 그와의 마지막 악수이다.

2009년 4월 30일 오전 8시경.

그는 검찰에 출두하기 위해 봉하의 집을 나섰다. 나는 어쩌다 그 자리에 20여 명과 함께 있었다. 사면초가에 둘러싸인 그의 몸은 여위었고 흰머리가 부쩍 늘어 있었다. 그는 문고리를 잡고 잠시 뒤돌아보더니 내게 말했다.

"날 위로해 주느라고 좀 억지를 쓰셨더라."

내가 일전에 한 인터넷 매체에 쓴 글을 읽으셨던 듯했다. 나는 다가가 그의 손을 잡았다. 가까이서 본 그는 더 초췌해 보였다. 왜 그때 말해 드리지 못했을까?

당신이 계셔서 못난이들이 잠시나마 마음대로 활개치고 살았노라고.

나는 예순이 넘은 지금도 자유, 정의, 인권, 이런 말을 들으면 가슴이 일렁인다.

노무현 이름을 들어도 그러하다.

그에게서 희랍 비극의 원형을 본다.

제왕이나 천재가 주어진 거대한 운명에 맞서다가 장렬하게 산화하는 비극으로부터 인간들은 카타르시스를 느낀다.

노무현은 대한민국의 '인권'을 열 걸음쯤 나아가게 한 대통령이다. 그는 대통령이라기보다 시인에 가깝다.

그러므로 그는 봉하에 있지 아니하다. 그러므로 또한 인디언의 구전 시를 빌리고자 한다.

"바람 불면 당신인 줄 알겠습니다."

유시춘

국어 교사와 작가로 활동하다가 1985년 이후 '민족문학작가회의', '민주화실천가족운동협의회', '민주쟁취국민운동본부' 등 여러 민주화운동 단체에서 활동했으며 2001년 '국가인권위원회' 상임위원을 역임했다. 소설집으로 《안개 너머 청진항》《우산 셋이 나란히》등 여러 권이 있으며, 민주운동사를 대표 집필한 《우리 강물이 되어》《6월항쟁을 기록하다》등이 있다.

그가 그립다 ●

서민

갚고
싶다

베드로는
멀리 있지
않다

"이러면 안 되는 거잖아요?"

영화 〈변호인〉에서 주인공인 송우석이 했던 대사 중 가장 가슴에 와 닿는 말이다. 그다지 특별할 것도 없는 저 대사가 유난히 감동적으로 다가오는 이유는 뭘까? 아마도 저 대사가 살아생전 노무현을 가장 잘 표현하는 말이기 때문일 것이다. 실제로 노무현은 살아생전 비슷한 절규를 내뱉곤 했었다.

첫 번째 기억은 1989년 마지막 날 있었던 전두환 청문회 때였다. 자신은 광주에서 일어난 학살에 전혀 책임이 없다는 얘기만 하는 전두환에게 노무현은 단상으로 나와 이렇게 외친다.

"발포 쟁점부터 밝혀! 살인마 전두환! 국민의 비난을 누가 책임질 겁니까?"

신경 쓰지 않는 듯 퇴장하는 전두환에게 노무현은 명패를 집어던진다.

두 번째 기억. 1990년 1월, 소위 '3당 합당'이 벌어졌다. 여소야대를 만들어 준 국민의 뜻에 배치된 행위였고, 무엇보다도 존경받는 야당 투사였던 김영삼이 군사 반란의 수괴와 손을 잡은 것은 큰 충격이었다. 그럼에도 불구하고 김영삼이 이끌던 통일민주당 의원들은 속속 새로 만들어진 민자당의 품에 안겼다. 하지만 다 그런 건 아니었다. 일부 당원들이 거세게 항의했고, 그 중심에는 노무현이 있었다.

"이게 회의입니까?"

시끄러운 와중에도 그의 목소리는 장내에 울려 퍼지는 듯했다.

"이것이 어찌 회의입니까? 이의가 있으면 반대 토론을 해야 합니다. 토론과 설득이 없는 회의가 어디 있습니까?"

세 번째 기억은 인천에서 있었던, 2002년 대선주자를 뽑는 민주당 경선이었다. 기존 정치판에 저항하는, 그러면서도 대선 유력주자로 올라선 노무현을 보수 언론은 증오했다. 이인제와 이회창이 대선에서 맞붙는 구도를 꿈꿨던 보수 언론은 걸핏하면 색깔론을 입히려 들었고, 경박하고 불안한 후보라는 쪽으로 몰아붙였다. 수많은 사람들이 모인 그날 경선에서 노무현은 단상에 올라 이렇게 일갈했다.

"조선, 동아는 민주당 경선에서 손을 떼라!"

그때만 하더라도 언론이 정치판에 미치는 영향이 굉장히 커서, 정치인들은 어떻게 하면 언론에 기사라도 한 줄 나 볼까 굽실거리던 시절이었기에, 언론에 맞서는 정치인이 있다는 건 충격 그 자체였다. 하지만 노무현은 위와 같은 일화에서 보듯 권력이 아무리 세도 할 말은 하는 정치인이었다. 그렇게 본다면 "이러면 안 되는 거잖아요?"는 정말 극 중 그 상황에서 노무현이 했음 직한 대사가 아닐까? 모두가 불의에 침묵할 때마다 빛이 나던 그의 절규를 이제는 더 들을 수 없는 게 아쉽다.

3당 합당 후 노무현은 자신의 정치적 스승인 김영삼을 따라가지 않았지만, 그로 인해 무자비한 대가를 치러야 했다. 그 후 출마하는 거의 모든 선거에서 패배한 것. 1992년 국회의원 선거에서 쿠데타의 주역이었던 허삼수에게 패했고, 4년 뒤에는 종로에서 이명박에게 진다. 가장 가슴이 쓰라렸던 선거는 2000년 국회의원 선거. 그의 상대로 나선 허태열은 지역감정을 자극하는 것 이외에 특별한 선거 전략이 없었다. 그의 얘기를 들어 보자.

그가 그립다 ●

"여러분 자녀들은 아무리 공부를 잘하고 사업 수완이 있어도 이제는 다 틀렸습니다. 앞으로 우리의 아들딸들이 비굴하게 남의 눈치나 살피며 종살이하지 않을 것이라고 누가 자신할 수 있습니까?"

여론조사에서는 노무현이 줄곧 앞섰기에 모두 이번만큼은 그가 도전에 성공할 것으로 믿었지만, 결과는 1만3천 표 차이의 패배였다. 전국적인 관심이 집중된 그 선거에서 대체 부산의 그 지역구민들은 무슨 생각으로 허태열에게 표를 던졌을까? 허태열이 국회의원이 된 뒤 그의 말대로 부산 사람들의 살림살이가 얼마나 나아졌는지 무척 궁금했다.

일개 지역구민들의 선택이긴 했지만, 그 결과에 난 좌절했다. 저렇게 괜찮은 정치인이 저열한 지역감정에 의해 국회에 들어오지도 못하는 상황이라면, 이 나라에는 희망이 없다고 생각했으니까. 하기야 외환 위기라는 큰 재앙을 일으킨 한나라당에 천만 표를 몰아 준 유권자들에게 대체 뭘 기대한단 말인가? 하지만 절망의 끝에서 오히려 희망이 싹트기 시작했다. 노무현의 거듭된 좌절에 분노한 이들이 하나둘 모이기 시작했던 것. 그들은 최초의 정치인 팬클럽 '노사모'를 결성한다. 대전의 한 PC방에서 시작된 노사모가 정치판에 소용돌이를 일으킬 줄은 그들 자신도 몰랐으리라.

2001년의 어느 날, 난 침대에 누워 강준만이 쓴 〈노짱과 국민사기극〉을 읽고 있었다. 요지는 이랬다. 사람들은 늘 정치판이 썩었다고 욕한다. 그런데 한 초인이 나타나 정치판을 갈아엎자고 얘기한다. 정치판의 타락을 개탄하던 사람들이라면 마땅히 그 초인을 도와야 하건만, 기존 정치판 문화에 대항하는 정치인을 "지도자감이 아니다."라며 오히려 배척하고 있다는 것이다. 이런 어이없는 국민사기극을 끝장내자는 강준만의 주장은 내 가슴을 움직였다. 그날 난 바로 노사모에 가입했다.

　　그 전까지 난 사실 정치에 별 관심이 없었다. 아니, 관심은 있었지만 지나치게 냉소적이었다. 정치인은 다 탐욕의 화신으로만 보였고, 누가 대통령이 되어도 달라지는 것은 아무것도 없다고 생각했다. 하지만 노사모에 가입한 후 난 더 이상 냉소주의자가 아니었다. 노무현이 대통령이 된다면 우리나라가 좋은 나라가 될 수 있다는 희망이 생겼으니까. 그해 말, 모교 사람들과 송년회를 하는 자리에서 지도교수는 내게 "차기 대통령은 누가 됐으면 좋겠느냐?"고 물었다. 난 망설임 없이 대답했다.

　　"노무현이오."

　　지도교수는 생선회를 입에 넣으려다 다시 내려놓았다. 잠깐 침묵이 흐른 뒤 지도교수가 입을 열었다.

그가 그립다

"왜 하필 그런 사람을?"

그의 뜨악한 반응에 난 다음 말을 속으로 삼켜야 했다.

"그는 내가 아는 가장 아름다운 정치인이니까요."

문제는 그가 대통령이 될 수 있느냐는 점이었다. 아무리 생각해도 민주당원들이 이인제 대신 노무현을 선택할 가능성은 희박해 보였다. 돌파구는 국민 경선이었다. 당원만이 아니라 일반 국민들도 야당의 대통령 후보를 선택할 수 있게 한 이 제도는 노무현 돌풍을 불러일으킨 원동력이었다. 노무현은 광주 경선에서 1위를 하면서 그를 지지한 사람들의 가슴에 희망을 불어넣는다. 노사모는 폭발적으로 늘어나 10만 명을 돌파했고, 그 기세에 눌린 이인제는 음모론을 유포하다 경선에서 이탈한다.

내게 있어서 그 이전까지의 선거는 누군가가 좋아서 뽑은 게 아닌, 가장 나쁜 사람이 당선되지 않도록 '차악'을 선택하는 게임이었다. 하지만 2002년의 대선은 내 인생에서 유일하게 '이분이 당선됐으면' 하는 간절한 마음으로 투표한 선거였다. 정몽준의 단일화 파기는 선거에 긴장감을 불어넣었을 뿐, 노무현의 당선을 막지 못했다. 술집에 앉아 소주를 마시는데 기쁨과 더불어 한 줄기 걱정이 몰려왔다. 잘할 수 있을까? 이번엔 정말 잘해야 할 텐데.

결론부터 얘기하자면 노무현의 5년은 실패로 돌아갔다. 적대적인 언론 때문일 수도 있고, 매사에 딴죽을 걸었던 한나라당 때문이기도 했을 것이다. 민주당을 깨고 나와 열린우리당을 만든 것도 지금 생각해 보면 그리 좋은 선택은 아니었다. 하지만 무엇보다 대통령을 힘들게 했던 건 우리의 지나친 기대였던 것 같다. 우리는 흔히 말한다. 대통령은 국민의 뜻을 받들어야 한다고. 과연 이게 맞는 말일까? 다수 국민의 의사가 언제나 옳은 것도 아니고, 재벌 회장과 서울역 노숙자의 이해관계가 다른 것처럼, 국민들의 뜻이 언제나 하나로 수렴되는 것도 아닌데 말이다. 대선에서 노무현을 지지하지 않은 절반가량의 유권자들은 증오심에서 대통령을 욕했고, 노무현을 지지한 나머지 절반은 지나친 기대감에서 대통령을 욕했다. "이게 다 노무현 때문이다."라는 말이 최고의 유행어가 된 걸 보면, 노무현은 아마도 역대 대통령 중 가장 욕을 많이 들어먹은 대통령이었을 것이다. 민주당이 정권 재창출에 실패하고 한나라당에 정권을 넘겨준 것은 노무현이 실패한 대통령이라는 방증이었다.

이런 기억이 떠오른다. 친구들끼리 앉아 있는데 한 친구가 날 가리키면서 이렇게 말했다.

"야야, 얘 노사모야!"

다들 놀란 눈으로 날 바라봤다. 다른 친구가 입을 열었다.

그가 그립다

"너, 그런 애였어?"

그때 난 이렇게 스스로를 변명했다.

"그, 그게 아니고, 노무현이 대통령 되고 난 뒤 노사모 탈퇴했거든."

새벽닭이 울기 전 예수를 모른다고 했던 베드로는 그렇게 멀리 있진 않았다. 그만큼 난 대통령으로서의 노무현을 자랑스럽게 여기지 않았던 모양이다.

그 뒤에 집권한 이명박을 보면서 사람들은 비로소 깨달았다. 노무현이 참 훌륭한 대통령이었다는 것을. 기대가 있어야 실망도 있다는 명제를 '거짓'으로 만들면서, 이명박은 자신에게 아무런 기대도 하지 않던 사람들마저 절망의 도가니로 몰고 갔다. 거기에 더해 이명박은 시골로 낙향해 평범한 삶을 살고자 했던 노무현을 가만 놔두지 않았다. 2009년 5월 23일, 토요일이었던 그날, 노무현은 부엉이바위에서 뛰어내림으로써 스스로 생을 마감한다. 더한 짓을 한 정치인들이 아무 일 없다는 듯 살고 있는 걸 보면, 다른 정치인들이 다 가지고 있는 후안무치의 유전자가 그에게는 존재하지 않았던 것 같다.

노무현의 죽음과 더불어 한국은 희망이라고는 없는 사막이 됐다. 서민들의 삶은 더 어려워졌고, 이십 대는 사상 초유의 실업률에

허덕인다. 노무현이 있었다고 해도 신자유주의의 물결을 되돌리지는 못했겠지만, 그래도 사람들에게 조금의 위안은 줄 수 있지 않았을까? 아마 그랬을 것이다. 실제로 노무현을 보기 위해 봉하마을을 찾은 사람이 한둘이 아니었으니까. 다음 기사를 보자.

[하루 일과 중 가장 중요한 행사는 방문객에 대한 인사. 마을과 생가를 둘러본 방문객은 사저 앞에 모여 "대통령님, 나와 주세요." "노무현, 사랑합니다!" 등의 구호를 외친다. 그는 하루에 2~3차례, 많은 때는 5차례 정도 사저 밖으로 나와 "감사합니다. 멀리서 와 주셔서 감사합니다."라고 인사하고 즉석에서 10여 분간 대화한다. (동아일보, 2008년 6월 2일)]

노무현이 봉하마을에 내려간 뒤 두 달 동안, 봉하마을을 찾은 방문객이 무려 23만이었단다. 물론 이들이 다 노무현의 지지자는 아니었다. 노무현 역시 이 점에 대해 의아하게 생각한다.

"대통령 할 때는 욕만 하더니 일 안 하고 노니까 좋대요."

이런 뒤늦은 노무현 사랑은 두고두고 한스럽다. 광우병 촛불 시위에 놀란 이명박이 노무현을 희생양으로 삼을 수 있었던 건, 그가 재임 중 국민적 지지를 별로 받지 못한 실패한 대통령이라는 게 큰 요인으로 작용했으니까. 노무현이 세상을 등진 뒤에도 봉하마을은 여전히 관광객으로 북적이지만, 그게 노무현 정신을 계승하겠다는 뜻은 아니었다. 국민들이 이명박의 뒤를 이어 박근혜를 대통령으로 만들어 준 걸 보면 말이다.

어느 토론회에서 당시 유시민 의원이 한 말이 기억난다.

"노무현 대통령은 시대정신이 낳은 미숙아다."

즉 노무현은 우리 시대가 나아가야 할 방향, 그 가치를 체현하고 있는 정치인인데, 그런 시대가 오기 전에 먼저 세상에 나왔기 때문에 실수가 많은 것처럼 보인다는 얘기다. '미숙아'보다 '시대를 앞선 사람'이 더 옳은 표현이지만. 아무튼 노무현이 매우 후진 국민들 틈바구니에서 고생했다는 데는 100퍼센트 동의한다. 한 나라의 대통령은 그 나라 국민들의 수준을 반영하기 마련이지만, 노무현은 지금의 우리 국민이 갖기에는 지나치게 수준이 높은 대통령이었고, 그로 인해 시대와의 불화를 겪을 수밖에 없었다. 박근혜 대통령의 지지율이 왜 항상 50퍼센트를 넘는지 아는가? 우리 국민의 수준에 딱 들어맞는 대통령이기 때문이다.

국민 수준이 갑자기 확 올라갈 리도 없으니, 당분간 우리는 이전, 아니면 현재 대통령과 비슷한 대통령을 모시면서 살아갈 수밖에 없을 것 같다. 언제쯤 돼야 우리 국민의 수준이 노무현과 비슷해질까? 30년? 40년? 어쩌면 그보다 더 먼 훗날이 될지도 모르겠다. 그 시기를 앞당기는 방법은 없을까? 젊은 세대들이 열심히 책을 읽는다면, 그래서 다른 이의 고통에 공감하고 연대하는 능력을 기른다면, 그 시기는 좀 더 빨리 올 수 있다. 하지만 책보다는 자기계발서에 몰두하고, 잠깐의 짬을 스마트폰을 보는 데 투자하는 젊은 세대를 보면서 그 시기가 빨리 오기는커녕 더 늦춰지지나 않을지 걱정이 된다. 하늘에 있는 노무현이 마음 편하게 눈을 감지 못할 것 같은 이유다.

서민

단국대학교 교수이다. 의과대학 재학 시절 선택과목으로 기생충학을 선택했다가 기생충이 어릴 적 못생긴 외모로 고생했던 자기 모습처럼 느껴져 본격적으로 기생충학을 연구하게 되었다. 〈경향신문〉에 글을 연재했고 EBS 다큐프라임 〈PARASITE 기생 寄生〉, KBS 〈아침마당〉 〈컬투의 베란다 쇼〉 등 다양한 방송 활동도 했다. '기생충이 차별받지 않는 세상'이 자신의 최종 목표이다. 지은 책으로는 《서민의 기생충 열전》 등이 있다.

이이화

넘고싶다

알다시피

나는 노무현을 세 번 만난 적이 있다. 여기에서는 역사인 노무현을 말하려 하기 때문에 존칭을 붙이지 않기로 한다. 처음 대면은 1980년대 신군부의 서슬이 퍼럴 때 부산의 어느 민주화운동단체의 강연 자리에서였다. 내가 강사로 나갔는데 그는 강연이 끝날 무렵 나타나서 잠시 대화를 나누고 바삐 사라졌다. 두 번째 대면은 2001년 11월, 민주언론인인 송건호 선생의 장례식이 아산병원에서 있었는데 그가 추도식 자리에 나타나서 몇 마디 안부의 말을 건넸다.

마지막으로는 청와대에서 만났다. 2005년 7월 역사와 미래를 위한 범국민자문위원회의 모임에, 나와 평소에 친분을 나누는 강만

그가 그립다

길, 조정래, 서중석, 안병욱 등 인사들 20여 명이 초청되었다. 대통령 노무현과 점심도 먹고 사진도 찍고 청와대 이곳저곳을 안내도 받았다. 나는 대통령 옆에 앉은 강만길 옆에 앉았으니 한 사람 건너에 앉아 있었다. 나이를 따져 자리를 배치한 것 같았다. 나는 위암 수술을 받은 지 1주일밖에 되지 않았지만 특별하게 제의할 말이 있어서 억지로 참석했던 것이다. 나는 한국전쟁 시기에 희생된 사람들을 인권의 차원에서 잘 돌보아 주어야 한다는 등 과거사 문제를 두고 진지한 표정을 짓고서 발언했다. 이날을 끝으로 그를 직접 만난 적은 없다.

알다시피 노무현은 상업고등학교 출신이다. 그는 대학에 진학할 가정 형편이 못 되어 사법고시로 출세의 길을 걸었다. 김대중도 상고 출신이었으나 일제강점기 때는 상고를 졸업하면 은행이나 회사에 취직할 수 있어서 명문에 들었다. 하지만 해방 뒤에는 곳곳에 공립인문고등학교가 설립되어 이른바 명문으로 꼽혀 실업계열인 상고를 비롯해 농고, 공고를 눌렀다. 그리하여 학력이 높은 학생들은 인문고에 진학했던 것이다.

조선시대에는 학벌보다 학연이 중요시되었다. 과거에 합격하게 되면 성균관에 입학해 관리 수업을 받았지만 여느 선비는 사설 교육기관인 서원에서 수학했다. 전국에 널려 있는 서원은 계파가 분명했다. 곧 노론계열, 소론계열, 남인계열 따위로 분류되어서 학연을 잇고 출세의 도구로 이용되었다. 학연을 잘 잡으면 벼락출세나 탄탄대로의 길을 달릴 수 있었다. 이런 학연이 없으면 향촌에서 행세할 수 없을 지경이었다. 그래서 서원은 당쟁의 소굴이 되었고 흥선대원군은 이런 서원을 철폐하라는 조치를 내렸다.

유림들이 서원 철폐를 반대하자 흥선대원군은 "진실로 백성을 해치는 자가 있다면 공자가 다시 태어나더라도 나는 용서치 않겠다. 하물며 서원은 이 나라의 선유(先儒)를 제사 지내는 곳인데도 그곳이 도둑의 소굴이 되고 있음에랴."라고 소리쳤다. 이에 유림들은 선비를 구덩이에 파묻어 죽인 '진시황'이라고까지 흥선대원군을 매도했지만 그는 끄떡도 하지 않았다.

심지어 지역 중심의 학파도 형성되었다. 기호학파는 율곡 이이를 주로 받들었고 영남학파는 퇴계 이황을 주로 받들었는데 기호학파는 영남학파를 두고 "스승은 제자를 칭찬하고 제자가 스승을 칭찬해 한 무리를 만들었다."라고 비난했고 영남학파는 기호학파를 두고 "산림의 도학자를 존중하자는 허울 좋은 미명을 내걸고 권세 잡기에 급급하다."라고 몰아쳤다. 여기에 건전한 논쟁이나 합리적인 이론이 끼어들 틈이 없었다.

일제강점기 때는 도청 소재지 중심으로 인문계인 고등보통학교를 설립했다. 서울에는 경기고등학교의 전신인 경성제일고등보통학교가 전국에서 첫째로 꼽히는 명문이 되었다. 그 학교에 입학하는 자격으로는, 무엇보다 원서를 낼 적에 학부모의 재산 상태와 신분을 알려 주는 사실을 적어야 했다. 곧 학부모의 재산 상태와 신분이 입학 사정에 반영되었다. 그러니까 부호와 친일파의 자녀들은 입학에 특혜를 받았던 것이다. 이런 특혜가 해방 뒤에도 한동안 이어졌다. 또 해방 뒤에는 보결생이 비공식으로 입학하게 되었다. 학교에 일정한 기부금을 내면 입학하게 한 것이다. 보결생 제도는 학교마다 한 학급 정도로 채워졌다.

이와 달리 실업계 고등학교는 학력이 낮은 학생들이 진학보다 취직을 위해 입학하는 경향이 있었다. 그리하여 가난하거나 농촌 출신들이 입학하는 경우가 많았다. 노무현도 가난한 농촌 출신이어서 실업계 고교를 선택한 것이다. 그는 명석한 머리를 가지고 있어서 당시에는 대학 학력이 없어도 응시할 수 있는 고등고시에 합격했다. 아주 드문 경우였다.

또 하나, 실업계 고교를 나와서 취직을 하고 나서 중견 간부가 되면 통과의례처럼 대학의 고위 과정인 행정대학원이나 경영대학원에 다녀서 이력서에 학력을 보충하는 게 일반적 경향이었다. 이 제도는 나무랄 일이 아니었다. 그런데 노무현은 판사로 재직할 때나 변호사로 있을 때 이런 과정을 외면했다. 그는 이런 과정에 관심을 기울이지 않고 인권변호사로 변신해 열띤 활동을 벌였다.

또 다른 학벌 비리도 있다. 해방 뒤 사립 대학교가 우후죽순처럼 곳곳에 들어섰다. 여기에 입학한 대학생의 상당수는 등록금만 내고 적당하게 출석만 하면 졸업장을 받을 수 있었다. 또 석사, 박사 학위도 등록금을 내고 대필을 해서 적당하게 논문을 제출하면 학위를 취득할 수 있었다. 가짜 졸업장은 아니었으니 이력서에 버젓이 올려졌다. 5·16군사정변 이후 벼락출세한 군인들이 너도나도 박사 학위를 받은 사례가 그 좋은 보기가 될 것이다. 지탄의 대상이 되었던 대통령 경호실장인 차지철도 아무개 대학에서 정치학박사 학위를 받았다.

학연과 학벌은 사회활동에서 끈끈한 관계를 만들어 냈다. 학교마다 동창회가 결성되어 친목을 도모하지만 이와 달리 학연이 닿으면 직장에서 승진의 기회를 잡을 수 있었고 국회의원에 입후보하면 동문들의 지지를 받게 마련이었다. 품위와 체면을 팽개치고 동문끼리 끌어 주고 밀어 주었던 것이다. 그뿐인가? 학벌이 화려하면 지레짐작하여 실력파로 인정을 받았다. 평소의 인품이나 능력을 검정도 없이 덤으로 인정을 받았던 것이다. 참으로 편리한 장식품이었다. 그래서 학위 위조 현상이 일어났고 논문 표절 시비도 끊이지 않았다.

또 하나의 보기를 들어 보자. 어느 대통령 후보가 경기고등학교 출신이라는 이유만으로 그 학교의 동문인 어느 유명한 만화 작가는 명문 학교의 출신이 대통령이 되어야 한다는 주장을 공공연하게 말하기도 하고 글로 쓰기도 했다. 명문 경기고등학교 출신이 대통령이 되어야 국격이 높아진다는 뜻이다. 그러니까 대통령 자격 기준에 학벌을 넣는 꼴이었다. 이를 뒤집어서 말하면 노무현은 대통령으로서 결격사유가 된다는 뜻도 포함되어 있었다.

2002년 제16대 대통령 선거를 치르면서 학력 논쟁이 곳곳에서 벌어졌다. 술집에서 이 문제를 두고 설왕설래 열띤 말다툼이 벌어졌다. 특히 명문고 출신들은 노무현을 매도할 정도로 거부감을 보였다. 이와 달리 학력이 없는 사람들은 대체로 별로 내세울 게 없어서 입을 다물고 있는 모습이었다. 노무현은 원광대학교에서 당시 민권운동가의 경력을 높이 평가해 명예박사 학위를 수여한 적이 있었다. 그 학교에서 명예박사 수여 대상으로 노무현을 선정한 것은 새삼 설명할 필요가 없을 것이다. 하지만 노무현은 구차스럽다고 여겼는지 이를 별로 내세우지 않았다.

노무현은 아무런 학연과 학벌을 내세우지 않거나 이용하지 않고도 대통령에 당선되었다. 그가 '바위에 계란 치기'에 비유될 정도로 용감하게 타개를 해서 대통령에 당선되고 나서야 학벌이 없는 인사나 실업계 출신들은 새로운 용기를 얻었다. 나도 할 수 있다는 희망을 얻었던 것이다. 나는 《한국의 파벌》을 집필하면서 학연과 학벌이 지연과 같이 악성 파벌의 한 부분으로 한 사회의 발전을 가로막는 병폐라고 진단했고 그 비리를 역사적 사례를 들어 지적한 적이 있다. 그래서 이를 타파해야 한다는 논지를 끊임없이 폈다. 노무현은 바로 여기에

도전해 승리를 쟁취했다고 볼 수 있을 것이다.

나의 경험을 털어놓아 보자. 나는 아버지가 한문만을 가르치면서 학교에 보내 주지 않았다. 그래서 가출을 해서 어렵사리 중학교와 고등학교를 마치고 대학에 들어갔으나 형편이 너무 어려워 중퇴하고 말았다. 그런 뒤 신문사의 임시 직원으로 들어갔으나 늘 '가방끈이 짧아' 불이익을 받았다. 업무 능력이 있고 없고를 따지기에 앞서 대학 졸업장이 없다는 게 그 이유였다. 나는 야간대학 같은 곳에서 대학을 마칠 수 있었으나 시기를 놓친 처지에 구차하다는 생각이 들었다.

그런 뒤에 자유 소득자로서 논문을 쓰고 저서를 집필하는 일에 열중했다. 여기에는 물론 아무 제약이 없었다. 하지만 결코 대학교수가 될 수 없었다. 아무리 학문적 업적이 있더라도 기본 자격이 결여된 것이다. 또 강연에 나갈 적에도 이력 사항에 꼭 학력을 기재해야 했는데 여기에서도 제대로 인정을 받지 못했다. 어디 나만이 그러했겠는가? 학력 부족으로 사회활동에 불이익을 받은 작가와 예술가들이 너무나 많을 것이다.

학벌과 학력은 신분이나 재산과 같이 기득권을 확보하는 지름길이 되었다. 조선시대에는 학맥의 줄을 어떻게 잘 잡아야 하는지가 선비들의 관심을 차지했다. 그래서 그 줄을 잡는 일에 열중하면서 학문 연구에는 소홀했다. 근대에는 학교를 통해 이를 추구했다. 일제강점기에 일본 유학파들은 일본 대학 출신을 중심으로 학연을 형성했다. 제국대학파와 와세다대학파 따위로 나누어져 출세 경쟁을 벌였다. 이들이 친일파가 되어 기득권을 누렸다.

해방 뒤에는 인문고 출신이 기득권 세력으로 사회에 자리를 잡았다. 이들은 정계를 비롯해 관계와 재계를 주름잡았다. 특히 미국 유학파가 똬리를 틀고 기득권을 누렸다. 더욱이 서울대학교 출신들이 모든 분야에서 세력을 잡고 기득권을 거머쥐었다. 그러니까 이들은 인품이나 능력을 따지지 않고 학벌의 혜택을 받아 출세 가도를 달렸다.

내 친구인 유명한 변호사 아무개는 서울대학교 출신들을 두고 "창의력은 없이 영어, 수학만 잘하고 교과서를 달달 외우기만 하는 학생이 서울대학교에 입학하고 사회에 나와서는 창의적 활동이 모자라는 데도 인정을 받는다."라고 한탄했다. 덧붙일 말은 그의 자녀들도 이 학교 출신이었다. 이 말을 그대로 수긍할 수는 없겠으나 일리가 있는 분석일 것이다.(나는 이들의 명예를 고의로 훼손할 생각은 티끌만치도 없다.)

시민사회단체인 '학벌 없는 사회'에 참여한 인사들은 우리 사회에 만연한 학벌 타파를 위해 여러 가지로 활동을 벌인 적이 있다. 이들 운동가들은 능력과 의지로 학벌을 극복하고 건전한 경쟁을 통해 사회 참여를 보장해야 한다는 주장을 펴 왔다. 여기에 참여한 인사들은 대학교를 나오고 박사 학위도 받은 교수 언론인이었다. 나도 때때로 여기에 참여해 학벌 학연의 폐단을 지적했다.

오늘날은 예전과는 달리 가정 형편이 어려워 대학을 못 다닌 경우는 상대적으로 적을 것이다. 한다하는 집에서는 자녀를 이른바 좋은 대학에 입학시키려고 막대한 사교육비를 써 가면서 온갖 무리한 짓을 벌이고 있다. 그래서 어느 교육자는 이를 두고 '망국의 현상'이라고 진단했다. 돈 많은 이들이 벌이는 이런 짓은 쉽게 수그러들지 않을 것이다.

노무현은 분명히 학벌과 학연을 극복했으며 한 점 위축되지도 않고 사회활동과 정치활동을 하면서 자기의 삶을 꾸려 왔다. 우리는 그를 학벌과 학연을 뛰어넘은 상징적 존재로 기억해도 좋을 것이다.

이이화

역사학자이다. 20대 후반부터 지금까지 역사 연구와 저술에 몰두해 왔다. 역사문제연구소 소장 등을 지냈고 역사의 대중화에 심혈을 기울였다. 지은 책으로는 《한국사 이야기》 전 22권, 《인물로 읽는 한국사》 전 10권 등과 우리 역사와 관련된 많은 저술들이 있다.

그가 그립다

한홍구

묻고싶다

그리움의
방법

 〈변호인〉을 보셨습니까. 우리 송변 멋있죠? 많이많이 감동하셨을 거예요. 저도 감동했답니다. 행복했답니다. 그런 사람과 같은 시대를 살 수 있었으니까요. 그런데 극장 불이 빨리 켜지더라고요. 극장 밖 현실은 우리가 가진 그 작은 행복도 용납해 주지 않았습니다. 극장 밖으로 한 발을 내디디면서 저는 묻지 않을 수 없었습니다. 우리의 송변은 어디에 있을까. 그는 날개를 접고 부엉이바위에서 뛰어내렸습니다. 우리의 송변은 부엉이바위에서 떨어져 죽었는데, 차동영은 지금도 자기가 애국자라며 뻐기고 다니네요. 조민기가 분했던 강형철 검사, 현 정권에서 2인자라는 김기춘 같은 자가 바로 그런 사람 아니었을까요. 우리의 송변은 역사 속으로 사라졌고, 저들은 저렇게 활개를 치는데, 우리는 그저 영화 보며 박수나 치고 있어야 할까요. 노무현이 뛰어내린 그 자리, 바로 거기서 우리는 출발해야 합니다.

멋진 남자 노무현, 그러나 진보 진영에게 노무현은 '골칫거리'였습니다. 그렇게 멋있게 등장해 놓고 대통령이 되더니 '미국이 없었으면 지금 수용소에 있을지 모르겠다.' 운운해서 상처를 주었습니다. 급기야 한나라당에 대연정을 제안하는 처지까지 되었습니다. 얼마나 서로 닮았기에 대연정이 가능할까요. 그럼에도 수구 세력은 노무현을 대한민국 대통령으로 인정하지 않았습니다. 살아서뿐만 아니라 죽어서까지 그들은 노무현을 짓밟았습니다. 대미 관계에서 경제정책에 이르기까지 주요 정책 모든 것을 저들 하자는 대로 다 했는데도 불구하고 노무현이 무슨 죽을죄를 지었기에 저들은 저렇게 노무현이라면 길길이 뛰는 것일까요. 친일파가 득세한 나라, 아니 그저 득세한 게 아니라 반민족행위자들을 청산해야 한다고 주장하던 민족적 양심을 가진 세력이 친일파들에게 거꾸로 청산당한 나라에서 노무현이 지은 죄가 무엇이겠습니까. 그가 부르짖은 '과거 청산'입니다. 다른 모든 것을 다 내주고도 대한민국에서 과거 청산을 부르짖은 것이 수구 꼴통들의 '역린'을 건드린 것입니다.

영화 〈변호인〉이 감동을 준 이유는 돈만 밝히던 속물 변호사 송우석이 어떻게 인권변호사로 거듭났는가, 우리가 대통령 노무현에 가려 오랫동안 잊어버렸던 인간 노무현이 1980년대를 살아가던 초심은 어떤 것이었는가를 생생하게 보여 주었기 때문입니다. 제가 영화에서 노무현이 가장 노무현다웠다고 느낀 대목은 송 변호사가 "이러면 안 되는 거잖아요."라고 낮은 목소리로 말하던 때였습니다. 그런 초심을 잃지 않고 살아가는 것이 그렇게 큰 죄일까요. 노무현이 가 버린 지금, 나는 대한민국에서 노무현과 같은 초심을 잃지 않은 사람들의 종착역이 부엉이바위여야 하는가를 묻지 않을 수 없습니다. 노무현이 우리의 가슴을 뛰게 만들었던 절정의 순간, 그렇지만 그가 대통령이 된 뒤 까맣게 잊어버리고 있다가 우리 곁을 떠난 후에야 뒤늦게 다시 기억해 낸 것은 노무현이 대통령 후보로 선출되면서 했던 연설이 아닐까 합니다.

"600년 동안 한국에서 부귀영화를 누리고자 하는 사람은 모두 권력에 줄을 서서 손바닥을 비비고 머리를 조아려야 했어요. 그저 밥이나 먹고살고 싶으면 세상에서 어떤 부정이 저질러지고 있어도, 어떤 불의가 눈앞에서 벌어지고 있어도, 강자가 부당하게 약자를 짓밟고 있어도, 모른 척하고 고개 숙이고 외면했어요. 눈감고 귀를 막고, 비굴한 삶을 사는 사람만이 목숨을 부지하면서 밥이라도 먹고살 수 있었던 우리 600년의 역사…….

제 어머니가 제게 남겨 줬던 저희 가훈은 '야, 이놈아, 모난 돌이 정 맞는다. 계란으로 바위 치기다. 바람 부는 대로 물결치는 대로 눈치 보며 살아라.'였습니다. 1980년대 시위하다 감옥에 간 정의롭고 혈기 넘치는 젊은 아이들에게 그 어머니들이 간곡히 간곡히 타일렀던 그들의 가훈 역시 '야, 이놈아 계란으로 바위 치기다. 그만둬라. 너는 뒤로 빠져라.'였습니다.

이 비겁한 교훈을 가르쳐야 했던 우리의 600년 역사, 이 역사를 청산해야 합니다. 권력에 맞서 당당하게 권력을 쟁취하는 우리의 역사가 이뤄져야만 이제 비로소 우리 젊은이들이 떳떳하게 정의를 얘기할 수 있고, 떳떳하게 불의에 맞설 수 있는 새로운 역사를 만들어 낼 수 있습니다."

부산 출신의 투박하고 이름도 알려지지 않은 초선의원 노무현이 대중에게 뚜렷하게 각인된 계기는 1988년의 5공청문회였습니다. 정치인 노무현의 삶은 굴곡 많은 우리 현대사에서 과거 청산이 본격적으로 제기되는 과정과 일치합니다. 노무현의 출발점, 노무현의 종점은 바로 과거 청산이었습니다. 영화 〈변호인〉이 잘 보여 준 것처럼 노무현의 출발점은 과거 청산이었습니다. 노무현을 죽음에 이르게 한 것도 바로 과거 청산입니다. 대통령 노무현이 재임 중 한 번도 흔들림

없이 실현하고자 했던 목표는 과거 청산이었습니다. 그를 떠나보내고 허전한 마음 달랠 길 없다가 〈변호인〉을 보고 감동했던 사람들이 노무현을 기억하며 같이 슬퍼하고 서로 위로하면서 나누어야 할 이야기도 진우와 국밥집 아지매와 차동영의 아직도 청산되지 않은 과거가 아닐까요.

노무현이 그토록 청산하고자 했던 잘못된 과거가 지금 완벽하게 되살아났습니다. 민주정권이 들어선 뒤 근 스무 개의 각종 과거사 위원회가 만들어져 여러 가지 일들을 했지만, 잘못된 과거를 청산하거나 치유하지 못하고 오히려 덧나게 만들었습니다. 지금 국정원이 보여 주는 해괴한 행태는 노무현이 그나마 진보 진영에서 평가받을 수 있는 근거인 과거 청산이 제대로 이루어지지 못했음을 웅변하고 있습니다.

국정원 문제에 대해서는 제가 참 드릴 말씀이 없습니다. 왜냐하면 노무현 정부 시절 저도 국정원 과거사위원회, 정식으로는 '국가정보원 과거사건 진실규명을 통한 발전 위원회'라는 긴 명칭을 가진 조직의 말석을 차지했으니까요. 그때 국정원을 거듭나게 한다는 일념으로 나름 죽어라 하고 일했지만 모든 것이 도루묵이 되었습니다. 국정원 개혁이 주요한 과제로 제기되었을 때 대통령 노무현은 두 가지 방안을 제시했습니다. 하나는 과거의 잘못을 바로잡기 위해 국정원 내에 과거사위원회를 설치하자는 것이고, 다른 하나는 국정원이 바로서기 위해서는 대통령 자신이 국가 최고 정보기관을 대통령 자신의 정치적 이해나 정권 보위를 위해 악용하지 않고 오로지 국익을 위해서만 활동하게 해야 한다는 것이었습니다.

제가 3년간 국정원 안에 설치된 위원회에서 일했기 때문에 잘 압니다. 대통령 노무현은 단 한 번도 국정원을 자신의 개인적 이해 때문에 이용한 일이 없습니다. 대통령과 국가 최고 정보기관의 관계로 본다면 더할 수 없이 바람직한 것이었습니다. 그러나 이것은 착각이었습니다. 관계라 한다면 양측의 손발이 맞아야 하는데 대통령만 그랬지, 국정원은 변하지 않았습니다. 국정원을 변하게 하려면 제도의 개혁과 사람의 개혁이 반드시 필요했습니다. 해외 정보와 국내 정보의 분리, 대공 수사권 폐지와 같은 제도 개혁의 중요성을 얕잡아 보는 것은 아닙니다만 아무리 좋은 제도라 해도 제도를 운영하는 것은 사람이기에 사람의 개혁이 반드시 필요했습니다. 그러나 대통령 노무현은, 그리고 그가 지휘했던 과거 청산은 사람의 개혁에는 손도 대지 못했습니다.

우리가 힘이 없었기 때문이기도 하지만 노무현 정부 시절의 과거 청산이 너무도 얌전했기 때문이기도 했습니다. 우리가 먼저 "우리는 처벌을 원하는 게 아니야. 그저 진실 규명을 원할 뿐이야."라고 말했어야 했으니까요. 남아프리카를 모델로 '진실과 화해'를 내세웠지만, 남아프리카에서 인도양을 건너 한국으로 오면서 '화해'는 불처벌과 동의어가 되고 말았습니다. 고문 등 반인도적 행위를 저지른 자들을 처벌하고, 그들이 다른 반인도적 행위나 그런 행위를 저지른 자들에 대해서 진실을 고백할 때 고백한 사람들의 처벌을 감경해 주거나 면제해주는 것이 화해였는데, 한국은 처음부터 처벌을 내려놓았습니다. 처벌할 힘이 없는데 차동영 같은 자들로부터 과거에 그들이 자행한 고문에 대한 고백을 끌어낼 수 있을까요? 그들의 입을 열 힘이 없으니 진실 규명조차 여의치 못했습니다. 근 스무 개의 과거사위원회에서 월급 받은 사람만 해도 1천 명은 되었을 텐데, 단 한 명도 감옥에 보내지 못했고 이렇다 할 진실 고백과 사죄를 끌어내지 못했습니다. 수십만 명이 학살당한 나라, 헤아릴 수 없는 사람들이 고문당한 나라에서 고문기술자였던 이근안만 그 모든 죄업을 홀로 짊어지고 시대의 순교자가 되어 감옥에 갔습니다. 이근안은 나쁜 놈일까요, 아니면 재수 없는 놈일까요.

〈변호인〉을 본 1천100만 관객, 특히 영화를 보고 마음속 깊이 노무현을 그리워했던 분들께 묻고 싶습니다. 영화 보고 감동만 하고 계실 거냐고요. 우리가 해야 할 일이 있습니다. 노무현이 죽은 자리에서 노무현이 남긴 유산으로 노무현을 죽인 자들과 싸워야 할 일이 있습니다. 그것은 과거를 다루는 일 같지만, 유신 체제의 주역들이 국가를 운영하고, 유신 시대의 열혈 청년 장교가 국정을 좌우하고, 국정원이 일제로부터 유신으로, 유신에서 지금으로 면면이 이어지는 '자랑스러운' 전통을 계승하여 간첩 조작을 일삼는 오늘, 사실 그 일은 지금 우리 눈앞에서 벌어지고 있는 민주주의의 파괴와 정면으로 맞서는 작업입니다.

거창하고 딱딱하게 과거 청산 작업을 다시 시작하자고 말하지 않겠습니다. 〈변호인〉을 보고 마음이 움직였던 1천100만 관객의 눈높이에서 말하고자 합니다. 이제 할머니가 된 진우 엄마, 국밥집 아지매에게는 시간이 얼마 남지 않았습니다. 그 앞에 차동영이나 강 검사 같은 놈들을 데려다가 무릎 꿇려 사과 받아야 하지 않겠습니까. 그 일을 누가 해야 할까요. 바로 우리들 자신입니다. 그들이 국밥집 아지매 앞에 와 사과한다면 몰라도, 그러지 않는다면 우리는 그놈들 이름을 하나하나 정리해서 한곳에 모아야 합니다. 〈변호인〉을 보며 눈물 짓는 시민이라면, 〈변호인〉을 보고 노무현을 그리워했던 사람이라면, 아니, 영화 〈변호인〉의 단순한 관람객이 아닌 대한민국 시민이라면 함께 '차동영'을 찾고 '강 검사'를 찾아내어 역사의 심판대에 세워야 합니다. 그리고 그들의 이름을 영원히 기록해야 합니다. 진우와 국밥집 아지매야 그 험한 시절에 그래도 송변을 만나서 법정에서라도 통쾌하게 저들의 조작을 반박할 수 있었으니 행복한 편인지도 모릅니다. 지금까지 너무나 많은 진우들과 너무나 많은 진우 엄마들이 그 한을 풀어 보지도 못하고 가슴앓이를 하고 있고, 가슴앓이를 하다가 죽었습니다.

요 몇 년 간간이 신문에 수십 년 전 조작 간첩 사건 등 억울한 사건이 재심에서 무죄를 받고 거액의 배상금을 받았다는 뉴스가 실렸습니다. 재심도 이루어지지 않은 것에 비하면 천만다행이지만 지금 진행되는 재심이 과연 올바른 해답일까요. 가끔 젊은 재판장이 사법부를 대신해서 사죄하기도 하지만, 그 시절 고문하고 조작하고 수십 년 징역을 땅땅 때린 당사자들은 아무도 사과하지 않고 아무도 처벌받지 않았습니다. 사죄도 처벌도 없이 돈으로만 때우는 것이 과거사 해법일까요? 박근혜 정권이 들어서면서 이제 그 돈마저 아깝다고 합니다. 법을 배웠다는 자들이 이자를 기산하는 시점이 잘못되었다느니, 소멸시효가 지났다느니 하면서 본인과 가족들의 망가진 삶에 대한 배상금마저 뭉텅뭉텅 잘라 버리고 이미 지급한 것을 물어내라고 합니다.

그가 그립다

2010년에 《친일인명사전》이 발간되었습니다. 민족이 분단을 면하고 나라가 제대로 섰다면 해방되고 몇 해 안 되어 이루어졌어야 할 작업이었지만 친일파들이 온갖 영화를 다 누리다 죽고 난 다음에야 책이 나왔습니다. 군사독재 시절 수많은 사람들을 고문하고 수많은 사건들을 조작하여 정권을 유지하고 자신들도 출세하고 호의호식했던 자들의 대다수는 아직도 시퍼렇게 살아 있고 더러는 지금도 권력의 핵심에 있습니다. 감추어진 그들의 이름을 찾아내고, 기록하는 작업은 현실적으로도 큰 의미를 갖습니다. 이명박 정권 시절 거의 반신불수 상태가 된 진실화해위원회가 유신시대 긴급조치 사건 판결문을 정리한다는 말만 갖고도 한국 사회가 뒤집어졌습니다. 결국 판사 이름을 삭제한 판결문이라는 전대미문의 공문서 훼손으로 귀결되고 말았지만, 살아 있는 자들의 이름을 적는다는 것의 의미는 결코 작지 않습니다.

다행히 노무현은 이 작업과 관련하여 우리에게 소중한 유산을 물려주었습니다. 노무현 정권만을 끊어서 과거 청산이 어떤 성과를 거두었느냐고 묻는다면 부정적인 답이 나올지도 모르겠습니다만, 과거 청산을 장기적인 작업으로 생각한다면 노무현 정권의 과거사 정리 작업이 남긴 성과는 적지 않습니다. 국가기관이 예산과 법률로 뒷받침하여 수백 명의 조사관을 동원하여 자료를 수집하고 정리한 것은 이른바 저 같은 전문가 몇몇이 개인 차원에서 할 경우 수백 년이 걸려도 못할 일입니다.

더 완벽한 과거사 정리 작업을 위해서는 조금 더 정리하고 조금 더 확인하고 조금 더 찾아내야 하긴 하지만, 웬만한 사건의 고문수사관들의 이름은 그 사건을 담당했던 조사관들이라면 대개 알고 있습니다. 게다가 검사들에 대해서는 다 알고 있습니다. 논리적으로 따져 보면 두 부류이겠지요. 중앙정보부나 보안사나 경찰 대공분실에서 송치한 사건이 고문으로 조작되었는지 모르고 그대로 법원으로 기소한 멍청한 검사이거나, 아니면 고문과 조작의 공범인 악랄한 검사일 것입니다. 그 이름은 공판 서류에 다 나와 있습니다. 고문당했다고 아무리 이야기해도, 아직도 몸에 고문의 상처가 남아 있다고 눈물로 호소해도 저 높은 법대 위에 앉아 바짓가랑이 들어 보라 하지 않았던 판사님들의 거룩한 존함은 판결문에 모두 기록되어 있습니다. 고문과 조작은 그 당시에도 지금에도 모두 엄중한 범죄행위입니다. 그 범죄자들을 현실의 법정에 세우지는 못했더라도 그들을 역사의 법정에 세우지도 못한다면 우리가 죄인이 될 것입니다.

《친일인명사전》처럼 독재정권 시대에 반인도적 행위를 자행한 자들의 이름과 행적을 기록한 사전을 만들겠습니다. 얼마가 걸릴지 모르는 방대한 작업입니다. 자료도 많고, 작업이 방대하기 때문만은 아닙니다. 사전에 등재될 만한 범죄행위를 저지른 자들의 처절한 발악 때문에 작업이 순탄하게 진행될 것 같지는 않습니다. 그렇지만 우리 세대에 끝내지 못하면 다음 세대가 끝내 줄 것이라고 믿고 지금 시작하겠습니다.

사전 편찬은 시간이 아주 오래 걸리는 작업입니다. 그동안 사전 만든다고 손 놓고 있지는 않을 겁니다. 사전에 등장할 수많은 사람들 중 대표 선수들을 추려서 단행본으로 열전을 만들고자 합니다. 어디 이근안뿐이겠습니까. 주요 공안 사건은 모두 고문과 조작으로 얼룩져 있습니다. 한 사건당 한 명씩 대표 선수를 추려도《고문수사관 열전》에 이름 올릴 사람은 이미 차고 넘칩니다. 안기부나 보안사와 손발을 척척 맞추며 적극적으로 사건을 조작하는 데 가담한 공안 검사, 정치 검사들도 꽤나 많습니다.

《공안조작 검사 열전》도 책이 상당히 두꺼워질 것 같습니다. 모든 조작 사건의 종착역은 사법부입니다. 판사들은 소극적인 역할만 했다고 변명할지 모르지만 그 엄혹했던 시절에도 조작 간첩 사건에 무죄를 선고한 양심적인 판사들이 제법 있었습니다. 그분들이 있었기에《고문묵인 판사 열전》이 가능할 것입니다.

내란 음모 사건은 최고형이 유기징역인데 김대중 내란 음모 사건에서 사형이 선고된 것은 김대중을 반국가 단체의 수괴로 몰았기 때문입니다. 김대중을 사형시키기 위해 미리 한국민주통일연합을 반국가 단체로 만들었는데 그 판사 중의 하나가 바로 김황식입니다. 매일 텔레비전에서 생글생글 웃는 얼굴로 나오는 새누리당 대표인 황우여는 학림사건 때도, 그 전의 명동3·1사건 재판 때도 법대에서 생글생글 웃고 있었다고 합니다. 이런 분들은 아마도 《고문묵인 판사 열전》의 앞부분에 모셔야 할 겁니다.

또 있지요. 하나의 공안 사건이 만들어지려면 1차 수사기관과 검찰과 법원만 바쁘게 돌아가는 것은 아닙니다. 신문과 방송이 중앙정보부나 대공 경찰이 써 준 대로 받아쓰고 읽어 주고 해야 합니다. 딱 그 정도로 그쳤으면 몰라도 자신의 상상력과 문필력을 발휘하여 사건을 더 악랄하고 흉악하게 보도한 언론인들의 이름도 《왜곡보도 언론인 열전》에 기록해야 합니다. 중앙정보부, 안기부, 보안사, 남영동 등 경찰의 각급 대공분실의 수장이나 주요 간부들은 본인이 고문한 것은 아니었다 해도 예컨대 《간첩공장 공장장 열전》쯤에 잘 모셔야 하지 않을까요. 최근 재심에서 무죄로 판결 받은 강기훈 씨의 유서 대필 사건이나 〈변호인〉의 소재가 된 부림사건과 같은 주요 사건별로 고문수사관, 공안 검사, 정치 판사, 왜곡보도 언론인 등등을 하나로

묶어 사건별 열전을 몇 권 내는 것도 필요할 것 같습니다.

이런 작업은 저같이 현대사 연구를 업으로 삼는 사람들이나 몇몇 전직 과거사위원회 조사관들만 모여서 할 수 있는 것은 아닙니다. 고문이 자행된 것, 고문을 자행한 자들이 잘 먹고 잘 산 것, 고문을 자행한 자들이 아무런 처벌을 받지 않은 것, 그리고 사죄조차 하지 않고 지금도 "그놈들은 빨갱이였어."라고 당당하게 외치는 것을 보며 "이러면 안 되는 거잖아요."라고 노무현이 가졌던 초심을 나눠 가진 사람들이라면 누구나 다 같이 힘을 보태야 할 작업이지요.

주변에 혹시라도 과거에 고문당한 상처 때문에 지금도 고통받는 분이 계신다면 그들의 손을 잡아 주세요. 고문받은 일을 다시 떠올리는 것은 너무도 힘든 일입니다. 그렇지만 혹시라도 그분들이 당시의 고문수사관들의 사죄라도 받고 싶어 하신다면 그분들이 지금 기억하고 있는 고문수사관들에 대한 정보, 아무리 사소한 것일지라도 그런 정보를 모아 알려 주세요. 네티즌들도 할 일이 많아요. 사건별로, 고문수사관·검사·판사·언론인 등 분야별로, 또는 어떤 특정 개인에 대해 더 조사해 보고 싶은 분은 네티즌 수사대가 되어 주세요.

그리고 우리 모두 수첩을 장만합시다. 수첩을 공주님만 가져야 한다는 법은 없잖아요. 그 수첩에 우리도 이름 한번 적어 보고 가자고요. 그래야 노무현이 우리 가슴을 흔들어 놓았던 그런 세상, '우리 젊은이들이 떳떳하게 정의를 얘기할 수 있고, 떳떳하게 불의에 맞설 수 있는 새로운 역사'가 만들어지지 않겠습니까.

한홍구

성공회대학교 교양학부 교수로 재직 중이며 '걸어 다니는 한국현대사'로 불릴 정도로 현대사에 관한 저서를 활발히 쓰고 있다. '국가정보원 과거사건 진실 규명을 통한 발전위원회' 민간위원 등을 역임했고 쓴 책으로는 《유신》《대한민국史》《한홍구의 현대사 다시 읽기》 등이 있다.

그가 그립다

노항래

막
고
싶
다

사소하고도
기나긴

2009년 4월 마지막 날, 노무현 전 대통령의 검찰 출두가 있는 날이었다. 출근시간부터 오전 내내 언론은 봉하에서 서초동까지 노무현 전 대통령의 검찰청 참고인 조사 출석 행보를 중계하다시피 했다.

하루 종일 계속된 속보 중 눈에 띄는 건 당연히 검찰청 주변 상황이었다. '노사모 회원들이 어쨌다'는 둥 '재향군인회 회원, 어버이연합이 어쨌다'는 둥 보도는 기사를 보는 나를 심란하게 했다. 그렇게 뒤숭숭한 채 하루 일과를 끝냈고, 저녁 퇴근과 함께 난 부랴부랴 서초동 검찰청사로 향했다. 검찰청에 있을 노 전 대통령에게 작은 위로나마 전하고 싶다는 마음에서였다.

그가 그립다

그곳에 도착하니 노란 풍선을 든 일군의 사람들이 있었다. 낮에 언론에 보도되었던 '노사모 회원들'이었을 것이다. 검찰청사 정문 앞은 어수선하고 경찰병력이 진을 치고 있었다.

그리고 주위에 있는 이들이 수군대는 얘기는 '오른쪽 동문으로 가야 한다'는 것이었다. '노 대통령께서 그쪽 문으로 나오시게 될 것'이란다. 왠지 그 정보가 믿음직했다. 난 슬금슬금 동문 쪽으로 갔다.

동문 역시 경찰들이 막고 있었고 그 앞길 건너편에도 역시 사람들이 앉아 있었다. 나도 그 무리에 섞여 앉았다. 몇몇 얼굴 아는 이들이 있었고 그렇게 한두 시간쯤이나 앉아 있었는데, 경찰들 움직임이 심상치 않았다. 해산하라고 경고 방송이 두세 번 있었던 듯하다. 난 귀찮아서 그냥 앉아 있었다. 뭘 어쩌기야 하겠나? 집회엔 나도 한 구력이 있는 터라 그저 그러려니 했다. 이런 일로 사람을 연행하지는 않을 것이라고 믿었다.

그런데 경찰들이 갑자기 대열로 쳐들어왔다. 전경 애들이 연행하겠다고 달려들더니, 한 사람에 네 명씩 붙어 사지를 들어 차로 퍼 올렸다. 그렇게 전경들이 나를 잡아챘다. 그런데 자기들 동료에게 하는 말이 "야, 이 아저씨 나이 많아. 조심조심." 하는 것이었다. 그래서 '나이 든 사람의 품위'를 스스로 지키지 않을 수 없었다고 해야 하나.

"애야, 가만! 내 걸어서 탈게."

그래서 난 스스로 전경 차에 올랐다.

그날 그곳에서 나를 포함해 모두 열다섯 명이 강서경찰서로 압송되었다. '한두 시간 있으면 풀어 주겠지.'라고 생각했다. 마침 집에서 가까운 경찰서여서 다행이라고도 생각했다.

그런데 풀어 주지를 않는 것이었다. 나 혼자 생각에, 연행해 온 경찰들이 민망해할 사건인지라, 나로서는 켕기는 것도 없어 더 당당했던 것 같다. 인적 사항만 확인해 주고 묵비권을 행사했다.

"해 줄 얘기가 없어요. 범죄라고 말하는 당신들이 알아서 맘대로 하세요."

한마디 하고는 마냥 앉아 있었다. 밤 12시 넘는 시간까지 몇 시간 동안 경찰 얼굴만 바라보고 앉아 있자니 좀이 쑤셨다.

새벽 어느 때쯤 유치장으로 보내졌다. 그곳 강서경찰서로 연행된 남자 여덟 명이 한 방에 들었고, 여성 한 분은 옆방에 들었다. 통성명을 나누고 들어 보니 노사모, 시민광장 등에서 나름 열심히 활동하는 네티즌들이었다. 다들 서로 잘 모르는 사이였고 지금 돌아보면 나만큼이나 '좀 어리바리한' 사람들이 대부분이었던 듯하다. 아무튼 한 뜻으로 들어왔는지라 서로 큰 의지가 되었던 듯하다.

다음 날에도 아침부터 조사한다고 불러냈고, 난 또 묵비권이라며 버티고 앉아 있었다. 옆에서 열심히 진술하는 다른 분들 얘기를 들으면서, '저런 얘기는 할 필요 없는데…….' 등을 생각하며 의자에 기

그가 그립다

대어서 졸기도 하면서 버텼다. 말 안 하고 시간 보내기는 생각보다 훨씬 힘들다. 말하고 싶은 욕구가 스멀스멀 목구멍을 타고 올라오는 듯했다. 그래서 유치장에 돌아오면 다른 이들에게 너스레를 열심히 떨었다. "검사 놈들이 월척 놓치고, 피라미 열다섯 마리 잡아 가지고, 화풀이 겸해서 매운탕 쳐 드시는 거죠. 사십팔 시간이야 넘기겠습니까?"라며 호기도 부렸다. 그렇게 하루를 다시 보내고 오후 5시쯤 한꺼번에 풀려났다. 좀 허탈했다.

유치장에서 하루를 함께 보낸 동료들끼리 "다시 만나자!"고 약속하고 헤어졌던 게 생각난다. 그리고 20여 일 뒤, 그분이 돌아가셨다. 많은 이들이 그러했던 것처럼 내 삶의 충격이었다. 이렇게 억울한 죽음이 있을까 생각했고, 하지 말라는 '원망'이 수많은 곳으로 분출했다. 당시 몸담았던 정당을 사직한 것도 그분의 서거 전후 내 마음속 복잡한 정서와 무관하지 않을 것이고, 내가 정치·사회 문제를 보는 시선이 그 죽음을 통과하며 자주 어긋나고 빗나가기도 했던 듯하다.

당시 검찰은 무리한 수사를 인정했고, 수뇌부가 물러섰다. 나는 그분 생전에 그와 얽힌 일로 연행되고 유치장에서 하루 자고 나온 일을 고인을 위한 나의 작은 헌사로 생각하고, 아무 일도 없었던 것보다 다행스럽게 생각했다. 그렇게 지나간 일이 되었다.

그런데 이듬해 초 검찰은 나를 기소했다. '집시법 위반.' 나도 모르게 약식재판이 있어 벌금 30만 원을 판결했다는 통보를 받았다. 나는 인정할 수 없었다. 고인에 대한 내 진정을 모욕하는 것이라고 생각했다. '확 돌았다'고 해야 하나. 혼자 발끈했다. 정식재판을 청구했다.

정식재판 청구 절차는 복잡하지 않았으나 접수하는 창구의 직원들은 친절하지 않았다. 서류를 접수하느라 이곳저곳을 오르내리며 기가 죽었다. 시작부터 주눅이 들었다고나 할까. 그리고 지루한 재판이 계속되었다. 내 기억이 맞으면 1심 다섯 번, 2심 네 번, 모두 아홉 번. 나는 서초동 법원을 오르내렸다. 이런저런 일로 바쁜데, 귀찮고 힘도 들었다. 맘몬의 힘을 느끼게 하는 청사 앞에서 스스로 비루함을 느낀 적도 많다. 그래도 내가 시작한 일이라 중단할 수도 없었다. 불법 수사의 장본인들이 자신들의 잘못을 인정해 놓고도, 그를 뒤집어 나와 같은 심정적 지지자를 욕보이기 위한 기소라고 생각하니 가신 분을 욕보이기 위한 부관참시같이 생각되어 승복할 수가 없었다.

재판을 받으며 나는 거듭 "그날 '집회'에 참석한 바 없다."라고 주장했다. 구호를 외치지도 않았고, 주관적으로 집회에 참석한다는 생각도 없었다. 나는 그냥 팬클럽 회원 같은 사람이었다. 이런 주장을 거듭했다. 그러면서 나는 기회 있을 때마다 검찰을 비난했다. "전직 대통령을 죽음으로 내몬 세력이…….", "석고대죄 드려야 할 집단인데…….", 뭐 이런 주장들이었다. 이런 말을 내뱉으면 공판검사는 제

지하려 하고 판사는 흥분하지 마시라고 훈계했다. 그러나 나는 공판 때마다 거듭 검찰을 비난했다. 그것이 내가 내 수고를 스스로 위안받는 유일한 길이었기 때문이었다.

1심 기각. 다시 항소했다. 내 마음속의 민초도 오기가 생겼다. 아무것도 아닌 일을 함부로 기소하는 검찰을 애먹여야겠다는 보복 심리가 깊어 갔다. 2심에서 다시 논쟁이 거듭되있다. 검찰이 제시한 증거 사진에 있는 지인을 증인으로 불러내기도 했다.

싸움은 시작하고 나면 그 자체의 관성으로 간다. 판사도 지겨웠을 것이다. 2심 판결에서 벌금 30만 원이 10만 원으로 깎였다. "집회에 참석한 것은 사실이나, 해산을 요구한 경찰의 방송이 그 사유가 불분명했다는 피고의 주장이 일면 타당하다." 뭐, 그런 판결이었다.

"경찰의 해산 명령은 그 이유와 대상이 명확해야 한다!" 난 내 수고로운 재판이 이런 판결을 얻었다고 자위하고 2심 판결을 절반의 승리라고 스스로 위로했다. 나는 다시 대법원에 상고했다. 무죄 판결을 받아내어 인권 신장의 새 장을 열어 낸 시민이 되고 싶었다.

두 해를 끈 재판이 마침내 끝났다. 2012년 초 난 대법원으로부터 '상고 기각' 통지를 받았다. 상고한 지 근 1년 만에 받은 초라한 판결문이었다. 2009년 4월 마지막 날 그날 하룻밤을 자고 나온, 결국은 이틀을 유치장에 갇혔던 대가로 일당 5만 원씩 계산해서 벌금 10만 원은 그냥 까였다. 2심 판결, 그리고 대법원의 판결은 "이제 그만해라. 돈을 더 내라고는 하지 않을게." 하고 제시된 타협안처럼 느껴졌다. 검찰 권력을 향한 내 투쟁(!)은 길을 잃었다.

고집, 집착은 사람을 망친다고 한다. 당시 항소심, 그리고 상고를 치르며 내 스스로, '나도 앞뒤 돌보지 못하는 진상이 되어 가는 건 아닌가' 하고 자주 생각했다. 그래서 법원을 오르내리며 '상처받지 말자'고, '즐기자'고, '이건 내 존엄을 지키기 위한 의로운 항거'라고 스스로 위로하면서 그 길을 걸었다.

크게 상처받지는 않았다. 출석해서 차례를 기다리고 짧은 진술을 하고 기회가 올 때마다 내 분노를 쏟아 내던 재판정, 아홉 번의 불편은 지나고 나니 이렇게 회고거리가 되기도 한다. 검찰이 만들어 준 무대 위에서 '검찰 빅 엿!' 하고 내려온 듯 으쓱하기도 했다. 아홉 번의 재판을 거치며 나는 비록 로시난테를 지휘하는 돈키호테처럼 되었지만 그래도 깨어 있는 시민이 되었다고 스스로 자위하면서 말이다.

노항래

꽤 긴 나날을 노동단체 실무자, 노동조합 상근간부 등을 역임하다가 노무현 열풍 속에 그의 대선캠프 노동국장을 맡아 일했다. 그 후 오랜 기간 정당 활동을 했고, 지금은 자서전을 쓰는 일을 돕는 전기작가로, 협동조합 은빛기획의 대표로 일하고 있다.

그가 그립다

김태수

서고 싶다

다
마찬가지다

꿈에서 나는 월북해 있었다. 바다를 건넜는지 산을 넘었는지는 알 수 없으나 주위가 어둡고 출렁이는 물이 있었던 듯하다. 그럼 이동 경로는 배를 타고 넘었던 것일까. 주위는 깜깜한데 허리 아래쯤 낮게 비추는 불빛들로 봐서 은밀하고 상당히 조심스러운 그러나 바쁜 움직임이었다. 총 같은 걸 든 안내인을 따라 어느 장소로 인도되었는데 거긴 책상 위로 전등 불빛이 흔들리고 있었다. 경위를 심사하고 조사하는 사람은 미소를 띠고 있었는데 그 사람은 친절한 분위기로 우리의 긴장을 풀어 주려는 듯 보였다. 우리라고 했는데 나 말고 누가 함께 갔는지는 기억에 없다. 그저 누군가의 안내로 몇몇이 몰려다녔다. 그런데 같이 있던 일행이 조사관 앞에서 액자 같은 걸 떨어뜨려 액자 틀이 부서지고 말았다. 순간 나는 몹시 조심스러운 태도로 몸을 낮추고 있었다. '저 사람들한테 잘못 보이면 안 되는데 어떻게 하지?' 그러면서 액자를 아주 소중하게 다시 붙이려는 노력을 거듭했으나 마음먹은 대로 되지 않고 자꾸 헛손질을 해 대었다. 최대한 겸손한 자세로 뭔가 극히 잘못했다는 사죄의 태도로! "제가 남쪽에서 '천안함'이란 연극을 하고 있습니다."라고 말해 볼까? 그럼 호의적으로 대하지 않을까? "월북 작가 시리즈도 하고 김지하 선생님 작품도 무대에 올렸습니다." 라고 말해 볼까? 순간 여러 생각이 스쳐 지나가는 것이다. 아마 다시 무슨 이동 수단을 이용하여 월남하려던 순간이었던 것 같다.

이 꿈 이야기를 듣던 작가 오태영은 굉장한 호기심을 보이며 세세히 물어보았다. 그리고 꿈 이야기를 현장 검증이라도 하듯, 아주 재밌는 상황이라는 듯, 아니면 영화라도 보는 듯, 아니면 실제 넘어갔다 온 실황처럼 받아들이는 것이었다. 그리고 오태영은 한 가장의 꿈속에 나타나는 의문투성이의 여러 장면들을 이리저리 꿰맞추며 풀어 가는 연극 〈끝나지 않은 연극〉을 작년에 발표한 탓이 아닌지 물었다. 그의 말을 듣고 나는 이런 꿈을 왜 꾸게 되었을까 곰곰 생각해 봤다.

그래, 남북을 담 넘듯 오가는 〈풍산개〉라는 영화가 있었지? 그

장면들이 단편적으로 내 머리에 남아 있던 것일까? 왜냐하면 나는 북한을 직접 방문해 보고 싶다거나 금강산을 가 보고 싶다거나 그런 생각을 적극적으로 해 본 적이 없기 때문이다. 거의 뛰어오를 듯 붉은 꽃을 흔들며 함성을 지르는 수십만 아니 수백만 평양 시민의 열렬한 환영을 받으며 손을 흔들면서 눈물을 짓던 문익환 목사와, 판문점에서 군사분계선을 넘던 임수경과 문규현 신부의 뉴스를 접한 적은 있다. 흥분 속에 뛰는 가슴을 안고 놀란 눈으로 뉴스를 보았지만 나도 한번 저곳에 가 보고 싶다는 생각은 해 본 적이 없었다. 그러나 '기차로 부산에서 모스크바까지 유럽을 여행할 수 있다면 얼마나 기가 막힌 일일까?'라고 상상하며 가슴이 부풀어 오르는 건 나만의 상상이 아닐 것이다.

아! 얼마나 숨통이 트이고 가슴 벅찬 일인가! 우리는 연극 〈도라산 아리랑〉으로 그 염원의 일부분을 펼쳐 보았다. 우리 세대는 반공교육이 철저히 되어 있어 삼팔선 이북은 온통 빨갛게 물들어 있으니까, 이리 떼가 득시글거리는 짐승이 사는 동네로 인식되어 있으니까, 우리의 무의식중에는 아주 위험한 지역으로 구분되어 있는 것이다. 어려서 각인된 어떤 세뇌 작용은 나이가 들어도 바뀌는 건 아닌 것 같다. 오죽했으면 황석영의 이북 방문 관찰기록의 책 제목이 《사람이 살고 있었네》였을까. 이북의 사정을 화면으로 많이 봤으면서도 내 뇌리

그가 그립다

에 각인된 붉은색은 아직도 지워지지 않는다. 온통 빨갛다. 그렇게 각인된 나라는 없어지지 않고 내 우주의 공간 어디쯤에 떠돌아다닐 것이다. 부서진 행성의 잔해처럼!

그렇다면 지금 이 사회의 오륙십 대, 칠팔십 대는 모두 그런 세대들이다. 그런 세대들이 사회 전반의 주요 요직에서 정책을 만들고 지휘, 감독하고 있는 것이다. 대통령도 그렇고, 그 주변을 둘러싸고 있는 인물들도 그렇고, 정치평론가도 그렇고, 공무원도 그렇고, 학생들을 가르치는 교수들도 그렇고, 내 친구인 초등학교 교장도 그렇고, 재벌도 그렇고, 노동자도 그렇고, 군인들도 그렇고. 이게 무슨 얘긴가. 분단 세대들이라는 것이다. 분단 세대들은 어떤 공부를 하였나. 너는 어느 쪽이냐를 묻고 죽창으로 찔러 죽이고, 사지선다형에 동그라미 아니면 엑스를 선택하며 전의를 다지면서 자라 온 세대들이다. 그 결과, 다른 생각은 끼어들 여지가 없고 자신의 생각과 주장도 없어진다. 그래서 괴뢰 즉, 꼭두각시 노릇이나 거수기 노릇을 하게 된다. 그런 행동에 대한 의심은 추호도 없이 당연한 결과로 받아들인다. 나는 절대 틀리지도 않고 잘못도 없다. 그리고 서로 간에 도저히 용서할 수 없는 철천지원수가 되는 것이다. 적대적 관계, 언제 들통이 나 수면으로 떠오를지 모를 미래의 적과 동침이다. 그들의 표정은 사람의 표정이 아닌 것이다. 마음 한쪽에 '죽일 놈'을 품고 있으면 긴장되고 경직되어 모든 판단이 정상적으로 이루어질 수가 없다. 문화도 그렇다. 그런 긴장된 하루가 끝나고 나면 죽도록 퍼마시는 것이다. 무슨 마왕의 수하가 된 것처럼! 그러니 새로운 세대들한테 희망을 걸어 보는 것이다. 뒤 강물이 앞 강물을 밀어내 주길 바라는 것이다.

사회의 거울이라는 무대를 한번 들여다보자. 연기도 마찬가지다. 연기자 몸의 어느 작은 부분이라도 긴장이 남아 있다면 그게 방해가 되어, 연기자가 수행해야 할 역할을 제대로 표현할 수 없게 된다. 제대로 하려 해도 경직된 표정과 불편한 심기를 감출 수가 없어 역할에 올인할 수 없는 상태가 된다. 긴장과 이완의 관계가 그대로 드러나는 것이다. 아마추어나 초심자들의 상태를 연상해 보면 쉽게 짐작할 수 있다. 그래서 연기 연습을 다룬 모든 책자의 첫 부분은 긴장과 이완의 문제로부터 출발한다. 어떤 선입견이 미리 자리를 잡고 있으면 건강한 반응을 할 수가 없다. 연기는 상대와 하는 것이다. 무대 위에서 상대와 설왕설래하는 것이다. 그들이 싸우든 화해하든, 어떤 관계를 맺으며 자신들의 주장을 드러내어 어떤 결과에 이르는 것이다. 하지만 어느 한쪽이 왜곡된 태도나 생각을 고집하면 일은 복잡해지고 꼬이게 된다.

연기는 일상에서 우리 모두가 하는 일이다. 무대가 일상과 다른 점은 그렇게 하는 행동을 보려고 일부러 모여 있는 관객이 존재한다

그가 그립다 ●

는 것이다. 보는 사람이 많은 곳에서 보라는 듯이 자신들이 맡은 역할을 보기 좋게 해내면 되는 것이다. 어떤 일이든 긴장하면 잘되지 않는다. 시합에 나가는 선수나, 시험장에 들어가는 수험생이나, 발표를 앞둔 연주자한테 해 주는 격려의 말은 "긴장하지 말고! 편안하게 평소대로, 연습하던 대로!" 이런 것이다. 연기의 모든 수수께끼는 '이 긴장의 방해물을 어떻게 하면 떨쳐 버리고 모든 역할을 내가 나의 주인공이 되어 해낼 수 있을까?'로 요약된다. 어떤 테크닉을 배우는 것이 아니다. 우리가 우리의 주인이 되어 서로 '죽일 놈'을 없애지 않으면 풀리지 않는 숙제로 남게 되는 것이다.

연기 연습을 지도하다 보면 연기에 대한 오해가 있다. 연기를 흉내 내거나 뭔가를 만들어 내는 것으로 착각하는 것이다. 이런 경우 자기 자신은 없고 억지로 어디선가 본 듯하며 있을 법한 허깨비를 설정해 놓고, 마음에도 없는 행동을 해 대는 것이다. 그보다 더한 것은 자신의 주장은 없고 연출이 시키는 대로 하려고 기다리고 있는 태도다. 그런 연기자는 연출의 의도를 헤아리기는커녕, 해낼 수 있는 역할이 아무것도 없다. 연기에서 제일 중요한 것은 자기 자신이다. 자신이 스스로 모든 행동을 하는 것이다. 뿌리는 바로 자신이다. 연기란 자기가 자기라는 악기를 연주하는 것이다. 그리고 모든 상황을 자신이 책임지는 일이다. 이처럼 기막힌 놀음이 이 세상천지 어디에 있을까!

자신의 소리로, 자신의 생각을, 자신의 의지로 만들어 상대와 교감할 줄 아는 배우는 관객의 하염없는 찬사와 존경을 받는다. 우리는 환경적으로 무대 배우를 키우는 데 열악한 환경을 가지고 있다. 자신의 소리를 찾아, 자신을 도구로 쓸 수 있게, 자신을 거머쥔 배우를 보기가 쉬운 일이 아니기 때문이다. 사람들은 소위 스타라는 이름의 배우들에게서 그 비슷한 경험을 보게 될 것이다. 그러나 무대는 또 다른 제약이 있다. 극장이라는 공간의 크기와 당신의 말을 듣는 관객이 존재한다는 것이다. 훈련생 중에서도 자신의 소리를 찾아 무대 경험을 하게 된 연기자는 표정이 달라진다. 서서히 빛이 나기 시작하면서 자신감 있는 얼굴로 변하게 된다. 왜 그럴까? 자신의 소리로 자신의 말을 하기 때문에 책임감이 몸속에 남아 있게 되는 것이다. 아주 자연스럽게, 아주 당연하다는 듯이! 살아나는 것이다. 세상사 다 마찬가지다. 사람 사는 세상 다 마찬가지다. 모두 자신의 소리로 하는 것이다.

김태수

연출가이고 '극단 완자무늬' 대표이자 서울연극협회 감사이기도 하다. 주요 연출작으로 〈락 스트리트〉 〈팽〉 〈금관의 예수〉 〈콘트라베이스〉 〈늙은 창녀의 노래〉 〈의자는 잘못 없다〉 등이 있다. '극단 완자무늬' 창단 30주년 기념 공연으로 〈천안함 랩소디〉를 무대에 올렸다.

그가 그립다 ●

박병화

믿고싶다

나도
좀
타고 가자

얼마 전부터 유럽에는 1년 중 1~2주 정도 문명이 미치지 못하는 오지로 들어가 휴가를 보내고 오는 사람들이 늘어나고 있다고 한다. 아마존의 밀림이나 아프리카의 사막, 중앙아시아의 초원에서 안내인이나 휴대전화도 없이 문명의 시간이 정지된 가운데 자신의 삶을 돌아보는 것이다. 현대 물질문명을 의혹의 시선으로 바라보는 이 휴가 방식은 행복의 본질이 무엇인지 생각하게 한다.

역사 이래 또 산업혁명 이후 인간은 끝없는 기술 문명으로 가속화해 왔고 수많은 시간을 단축해 왔지만 오늘날 인간은 느리게 살던 과거에 비해 훨씬 시간에 쫓기며 산다. 인터넷 강국을 자랑하며 첨단

기술과 성장에 혈안이 된 한국은 말할 나위도 없다.

노무현 재임 중에 국내 최초로 지정된 '슬로 시티'에 가 보면 시대의 조류를 거스르는 문화가 한눈에 들어오면서 국민의 행복과 진보라는 화두가 절로 뇌리를 스친다. 공동체 중심의 복지국가야말로 국민의 행복을 우위에 두는 진정한 진보라는 생각이 들기 때문이다.

후손과 지속 가능성이라는 장기적인 가치로 볼 때 가장 느린 것이 가장 앞서 간다는 발상은 슬로 시티에서 느끼는 점이다. 그가 재임 중에 꾸준히 관심을 기울인 분야 중 하나는 역사의 진보와 복지국가였다. 다만 그의 노력은 어떤 점에서 앞서 가는 발상 때문에 시대와 소통하지 못한 측면이 크다. 합리적인 측면으로 본다면 사실 그의 사고가 크게 앞서 간 것이라고 할 수도 없다. 어쩌면 발전을 바라보는 한국 사회의 안목이 너무 뒤처진 것인지도 모른다. 그가 생각하는 진보의 길은 무엇이었을까? 상식과 원칙이라는 관점에서 보면 간단하다. 그가 적절히 예를 들었듯이, '기다리던 사람들을 비좁은 버스에 같이 태우고 가는 것'에서 일단의 의미를 읽을 수 있으니 말이다.

그것은 "야! 비좁다. 그만 태워라!"가 아니라 "나도 좀 타고 가자.", "그래, 함께 가자."라는 설명에서 드러나는 연대와 공동체, '함께 사는 세상'으로서의 보편타당한 진보이다. '국민이 먹고살기에 좋은 나라', '아이들의 행복한 삶'이라는 평범한 목표를 위해 그는 진보의 역할을 고민했다. 그에게는 "진보적 세계관을 통해 역사가 발전한다."라는 일관된 믿음이 있었다. 복잡한 이데올로기가 아니라 사람을 먼저 생각하는 단순명료한 발상에서 진보에 대한 그의 소박한 진정성이 엿보인다. 어쩌면 그가 생각하는 진보는 신자유주의적 자본주의 가치관이 지배하는 성장이 아니라 분배라는 공동체적 원칙에 본질이 있는지도 모른다.

진보와 국민의 행복을 연계시키는 노무현의 정치철학에서는 어떤 이념적 굴레도, 전투적인 구호도 또 치열한 파당성도 느낄 수 없다. 지극히 평범한 생각이다. 진보니 보수니 하는 표피적인 이분법은 이 평범한 이치 앞에서 의미를 상실한다. 양극화라는 왜곡된 사회구조를 낳는 현재의 성장지상주의는 사실 국민 대다수의 행복과 무관하다. 그는 '함께 사는' 공동체적 목표를 강조한다.

그는 진보 진영에 속했지만 보수와 진보, 여야를 막론하고 사방에서 협공을 받았다. 공화당이 집권한 미국의 신자유주의적인 기조와 임기가 겹쳤기 때문인지도 모른다. 어쩌면 국민과 직접 소통하려는 방식이 괘씸하게 보였을 수도 있다. 어느 모로 보나 '미운 오리 새끼'였다. 왜 그는 적과 동지의 틈바구니에서 부대끼다 비극으로 생을 마감하는 운명을 택했을까? 아무리 생각해도 그는 시대를 앞질러 갔다는 느낌을 지울 수 없다. 한국의 정치 풍토를 생각해 보면 그의 소통 방식은 분명히 생소한 것이었다. 한국 사회의 벽은 대개 그의 고독한 투쟁과 맥을 같이한다. 지역 통합이라는 꿈이나 원칙과 상식이라는 비전은 지금도 변함없는 한국적 비합리주의의 벽에 가로막혔다. 가장 보편적인 생각을 가장 앞선 방식으로 실현하려 했던 사람, 가장 낮은 곳으로 향하면서도 이해받지 못했던 사람, 모든 사람과 소통하려 했으면서도 소통의 한계를 절감했던 그에게서는 때 묻지 않은 순수가 느껴진다. 그 자신이 지적한 지난 '600년'의 뿌리 깊은 의식구조를 성급하게 무너트리려 했다는 점에서, 또 권력에 혈안이 된 노론의 후예들이 버젓이 자행하는 탐욕을 과소평가하고 수평적 권력 구조를 실천하려 했다는 점에서 이 순수에서는 순진함과 낭만이 진하게 묻어난다. 기득권의 철옹성에 단기필마로 도전했다는 점에서 돈키호테로 비치기도 한다. 그 눈물겨운 노력은 도전 대상의 토대가 콘크리트처럼 단단하고 그 뿌리가 깊다는 점에서 혁명적 발상을 요구한다. 어쩌면 온갖 모순이 난무하는 우리 사회에는 좌고우면하며 번민하는 '햄릿'이 아니라 무모하게 비칠 만큼 끝없이 도전하는 돈키호테가 필요한 것인지도 모른다.

'기대지평선'이라는 문예학 용어가 있다. 예술창작품에 대한 수

용자의 이해 범위와 한계를 가리키는 말이다. 독자나 관객은 당대에 작품의 진가를 알아보지 못하지만, 시간이 흐르면서 새로운 정보와 학습, 경험, 발견, 각성을 통해 평가와 기대의 시계(視界)가 변하고 관점이 바뀐다. 역사적으로 위대한 예술가는 대부분 시대를 앞질러 갔기에 살아생전에 제대로 이해받지 못했다.

　　대중의 기대지평이 작품의 지평과 다르기 때문에 살아서는 외롭고 힘겨운 투쟁을 이어 간다. 그러다가 그가 세상을 떠나고 시간이 흐른 뒤에 재발견되고 재평가받으면서 그 작품은 고전이 된다. 어떤 의미에서 생전에 인기와 부귀영화를 누린 인물은 진정한 예술가라고 할 수 없다. 역사적으로 육체적 생명이 끝남과 동시에 화려했던 작가적 생명이 다하고 기억 저편으로 사라진 예술가는 얼마나 많던가. 역사는 생전에 아무도 모르게 무명의 존재로 활동하며 인정받지 못하다가 사후에 갑자기 각광을 받은 예술가를 기억하기 마련이다. "예술은 때로 고장 난 시계처럼 현실을 앞서 간다."는 말은 아방가르드(전위)를 예술의 본질로 보는 말이다. 이 점에서 한국의 정치 풍토와 한국인의 정치의식을 저만치 앞서 간 그는 정치적 아방가르드였다. 그가 떠난 후 사회의 인식에 일종의 변화 같은 것이 보이기도 한다. 여기서 나는 우리 사회의 희망을 본다.

별로 매력적이라고 할 수 없는 투박한 모습, 그를 사랑하는 사람들에게는 소통의 벽에 부딪친 그 모습을 생각할 때마다 갖가지 서러움이 밀려온다. 그가 떠난 후 무심코 올려다보곤 하는 하늘, 그 하늘의 구름이 만들어 내는 형상마저 이들에게는 서럽게 비친다. 시대에 도전하다 좌절한 그의 모습을 닮았다는 생각이 들기 때문이다. 눈물을 강요하는 그 힘은 어디에서 나오는 걸까? 자신을 백안시하는 환경에서 그는 수없이 발길질을 당하며 뭇매를 맞았다. 끝없이 대화를 시도했지만 대화는 번번이 오해를 불렀고 그때마다 또 다른 소통 부재로 이어졌다. 난데없이 출현한 돈키호테를 향해 비웃음과 멸시가 쏟아졌다. 동시에 빈농 태생에 상고 졸업이라는 그의 출신 성분은 그를 아는 이들에게 공감의 설득력이 있음을 보여 주었다. 생전 처음 맞아보는 신선한 바람에 수많은 국민이 신명 나는 춤을 추었고 적지 않은 사람이 감격했다. 그는 수많은 적과 동지를 만들면서 자신만의 길을 갔다. 결국 그는 옹고집처럼 꿋꿋이 그 길을 가다가 끝내 도인처럼 생사일여(生死一如)라는 철학의 영역으로 사라졌다.

복지국가에 대한 비전을 포함해 그가 생각한 진보에는 나눔과 베풂, 지속성의 가치가 담겨 있다. 어두운 현실을 가리고 국민의 행복과 무관한 수출 흑자와 GDP를 떠벌리는 현실에서 그가 생각하는 진보는 파고들 틈이 없었다. 이미 기형화되었는데도 끊임없이 수도권의 비대화를 부추기는 개발 정책도, 《경국대전》 이래의 관습 헌법'도 국토의 균형 발전이라는 지속 가능한 사고와 조화되지 못한다. 능력과 땀보다 졸업장이 힘을 쓰는 문화, '막대기를 꽂아도 당선되는' 풍토 역시 공동체의 이상과는 무관하다.

노무현이 떠나고 꽤나 시간이 흘렀다. 당시의 역사에 대한 우리의 기대지평은 어떻게, 얼마나 변했을까? 비록 앞서 갔을지는 모르지만 이제나마 그의 시대적 의미가 폭넓게 이해되기를 바라는 마음이 간절하다. 우리 모두의 기대지평이 바뀌어 그의 진보적인 역사의식과 공동체적 가치관이 이 시대에 수용될 때, 그리하여 그의 비극적인 좌절이 희망의 단초로 작용할 때, "강물은 바다를 포기하지 않는다."는 그의 신념은 결국 옳았다는 평가를 받을 것이다.

박병화

독문학자이며 대학에서 독문학을 가르쳤다. 현재 전문번역가로 활동을 하고 있다. 지은 책으로는《에로스와 타나토스의 미로》《다시 카프카를 생각하며》 등이 있고 번역한 책으로는《소설의 이론》《수레바퀴 아래서》《공정사회란 무엇인가》 등이 있다.

그가 그립다

시윤희

알
고
싶
다

지금의
내가
아닌데

어느 무료 급식소에서 추석을 하루 앞두고 구청 직원들이 나와서 송편을 나눠 주고 있다. 그런데 송편이 든 봉투를 받으시는 어르신들의 표정이 밝지가 않다. 급기야 한 할아버지께서 "아니, 밥을 줘야지 떡을 주면 어떡해. 우리 집 할머니는 이가 시원찮아서 떡은 먹지도 못해." 하고 역정을 내신다. 구청 직원은 추석이라 일부러 송편을 드리는 거라고 하고, 급기야 할아버지는 송편은 너희나 많이 먹으라며 바닥에 팽개치신다. 구청 직원은 기껏 생각해서 준비했는데 고마워하지 않는다며 화를 낸다.

"얻어먹는 사람들이 고맙다고는 못할망정 얼마나 뻔뻔한지⋯⋯.

다른 무료 급식소도 가 보세요. 반찬 투정하는 사람들이 얼마나 많은 데."

또 다른 무료 급식소에서는 좀 산다는 할아버지가 무료 급식과 무료 진료 서비스를 받기 위해 기다리고 있다. 이곳에 와 있는 다른 어르신들은 그 할아버지의 경제 상황을 아는지 말동무를 해 주지도 않는다. 그리고 좀 산다는 할아버지도 그럴 생각이 없으신지 마당 구석에 앉아 묵묵히 차례를 기다리고만 있다. 조리와 배식을 담당하시는 자원봉사 아주머니들의 항의가 오늘도 이어진다.

"저 할아버지한테는 왜 공짜로 급식을 줘야 하나요? 세상이 이렇게 불공평해서야 어떻게 살겠어요. 나는 이제 저렇게 뻔뻔한 사람에게 밥 못 줘요. 돈도 많은 사람이 공짜 밥을 먹으려고 하다니 얼마나 뻔뻔한지."

또 다른 한 장면이다.

"요즘은 경기가 예전 같지 않아서 그렇지, 나 좀 잘나가던 그땐 형님 하며 따르던 동생들도 많았고 힘 좀 썼지. 재건축 들어가는 동네들 있잖아. 사람들이 막 안 나가려고 하잖아. 그럼 우리가 가서 조를 짜고 거기서 죽치고 지내는 거야. 안 나가곤 버틸 수가 없어. 새 아파트랑 건물 들어선 동네들 있잖아, 옛날에 못살았던 데. 그거 다 우리가 한 거야. 아, 그때 참 잘나갔지."

최근 석 달간 네팔에서 생활할 기회가 있었다. 윤회를 믿으며 카스트가 존재하는 나라. 그곳에서 지내는 동안 윤회설에 대해 참 많은 생각을 하게 되었다. 힘든 현재는 먼 과거의 몫이며 지금을 잘 견뎌 내면 몇 겁의 환생을 거쳐 좋은 날이 오리라는 희망, 이번 생에 풀지 못한 숙제는 다음 생에서라도 해결해야 하고 이 생에서 저지른 잘못은 다음 생에서 그대로 되돌려 받는다는 믿음. 설령 언젠가 그때가 온다고 해도 그때의 나는 이미 지금의 내가 아닌데 그런 날을 왜 기다리고 준비해야 하는지, 어쩌면 이 믿음은 다른 누군가의 수단으로 이용되는 것은 아닌지, 내내 머리가 복잡했다.

앞에서 언급한 에피소드들은 우리도 경험했거나 뉴스로 쉽게 접할 수 있는 이야기다. 사는 게 팍팍한 사람이 자신을 위해 무언가를 요구하는 것은 너무 뻔뻔해 보이는 일이고, 살기가 괜찮은 사람이 돈을 내지 않는 것도 뻔뻔한 일이다. 또 자신도 알고 보면 같은 처지이면서 '먹고살기 위해서'라는 무조건적 정당성을 내세우며 누군가를 삶터에서 쫓아내는 일을 하고 돈을 번 것이 자랑이 되기도 한다. 사실 이 모든 이야기의 중심에는 '돈'과 '나'가 있다. 나보다 가난한 사람, 나보다 부자인 사람, 나보다 힘없는 사람. 사실 그 힘이라는 것도 내

것이 아닌데.

학교 무상급식 전면 시행이 쟁점이었을 때에도 왜 부자들에게 공짜 밥을 주어야 하느냐는 쪽이 있었고, 빈곤한 사람들을 대상으로 하는 복지는 '밑 빠진 독에 물 붓기'라고 비난하는 쪽이 있었다. 내가 낸 세금이 나보다 부자들에게 돌아가서는 안 되고, 나보다 가난한 사람들에게 돌아갈 경우, 주는 대로 감사하게 받지 않으면 화가 난다. 그러니까 내가 낸 세금은 그냥 내게 돌아오는 게 가장 깔끔하다. 내가 받는 것은 나의 권리이기 때문에. 하지만 다른 사람이 받는 것 역시 그 사람의 권리라는 주장은 아직 불편하다. 이렇게 인간은 이기적인 존재다. 자본의 카스트를 벗어나는 방법에 대한 나의 고민은 여기에서 출발한다.

노무현 대통령도 성장주의에 빠져 있는 한국에서 '함께 더불어 사는 복지'를 실현해야 한다는 책임을 이루어 가기가 버거웠다고 고백했다. 보편적 복지의 문제도 진보와 보수의 충돌이며, 진보에 쏟아지는 화살은 결국 우리가 여전히 보수의 시대에 살고 있기 때문이라고 보았다. 깔아 놓은 멍석부터 이미 보수의 것이고 사람들이 이 판을 들여다보고 있기 때문에 결국 이 판에서 결판을 내야 하는 것 아닌가 한다는 것.

그럼에도 그분은 정면으로 질문을 던지고 싶다고 했다. 성장주의에 빠져 빈부 문제에 힘들어하는 우리나라와 더불어 살기 위해 분배에서 답을 찾는 나라를 비교해 보여 주면서 국민에게 물어보면 뜻을 알아줄 것이라 생각했다. 과연 그럴까.

IMF 사태가 온 나라를 뒤흔들던 때를 기억한다. 정작 열심히 살아가던 사람이 금융 사태 한 번으로 도미노처럼 순식간에 폭삭 주저앉아 버리던 날들. 어떻게 그렇게까지 철저하게 무너져 내릴 수 있는지, 이 사회에는 안전망이라는 게 있기는 한 것인지, 국민은 과연 이 불안한 제도와 주어진 환경에 순응하고 살아도 되는 것인지, 양극단의 경계선에서 아슬아슬하게 균형을 잡으며 지탱하는 삶을 과연 인간다운 삶이라고 할 수 있는지, 우리가 꿈꾸고 배워 왔던 삶은 어디에 있는지, 그런 삶이 가능은 한 것인지, 철학으로서의 근원적 물음이 아니라 생존의 과정에서 저절로 튀어나오는 자조적 물음이 사람들의 머릿속을 채웠다.

다시 앞으로 돌아가, 내게는 권리인데 그 권리가 다른 누군가에게는 뻔뻔하게 보인다면 내가 인식하는 나의 카스트와 타인이 규정하는 나의 카스트가 다르기 때문일 것이다. 신이 내린 카스트도 아니고, 내 선택도 아니고, 그렇다고 순응해야 한다는 생각은 더욱 없으니 견고하게 내 삶을 붙들고 있는 카스트에서 벗어나려면 우선 내가 받는 것도 나의 권리이며 타인이 받는 것 역시 그 사람의 권리라는 시스템이 모두에게 작동되어야 한다. 그리고 온전히 돈을 벌기 위한 수단으로서의 노동에서 벗어나 원하는 노동을 찾아갈 수 있는 제도적 장치가 필요하다.

많은 논란에도 불구하고 세상은 어떻게든 조금씩 앞으로 나아간다. 사회 지출은 여전히 하위권에 머물러 있고, 그럼에도 불구하고 자본 중심의 성장 논리에 빠진 정치인들은 제 발에 걸려 넘어지는 것을 반복하는 시장 중심 경제정책에 매몰되어 있다. 그렇지만 견고해 보이는 그 틀에서 일어나는 균열은 아이러니하게도 사람 사는 세상의 새 좌표를 제시한다.

나는 인간이 반드시 어떤 결과를 성취해야만 행복을 느끼는 존재가 아니라 기본적인 도구만 갖춰진다면 과정에서도 충분히 행복을 느낄 수 있는 존재라고 믿는다. 조금 더 가진 너의 행복과 덜 가진 내 행복의 크기를 비교한다는 것은 어차피 '인간이란 다변하는 상황에서 다양한 감정을 느낀다.'는 점에서 불가능하다. 그러나 적어도 생로병사의 과정에서 발생할 수 있는 위험으로부터 보호받을 수 있는 장치가 모두에게 보장된다면 산업사회가 만들어 낸 자본의 카스트는 지금

보다 훨씬 더 헐거워질 것이고, 우리는 지금보다 조금 더 안정되게 행복을 찾을 수 있을 것이다.

시윤희

삼십 대 중반까지 간호사로 일했다. 복지와 빈곤 문제에 관심이 많아서 사회복지를 공부하고 현재는 성공회대학교 사회복지연구소 연구원으로 활동하고 있다. 또한 사회제도와 사회문제 간의 상관관계를 다양한 범위에서 깊이 들여다보고 싶어 여러 문화권을 찾아다니며 비교 관찰하는 중이다.

그가 그립다

조세열

열
고
싶
다

다윗의
돌팔매

얼마 전 〈백년전쟁〉 김지영 감독에게 서울중앙지검 공안부로 부터 전화가 왔다는 소식을 전해 들었다. 공안공화국에 살고 있으면 서도 이를 피부로 실감하지 못하고 있던 내게는 "이게 무슨 시추에이 션?" 하는 황당한 사태로 여겨졌다.

나는 내가 일하고 있는 민족문제연구소가 명색이 역사연구단체 인데 공안과는 거리가 있어도 한참 있다고 믿어 왔다. 하기야 대선이 끝난 뒤 뭇 사람들 사이에 흉흉한 소문이 돌긴 했다. 누군가 말하길 민족문제연구소가 손볼 대상 0순위라고 하기도 하고, 통진당과 전교 조의 다음 차례라고도 하고, 참 말이 많았다. 아니 땐 굴뚝에 연기 나

라. 박정희의 일제에 대한 충성 혈서를 발굴하고 그를 《친일인명사전》에 수록했을 때부터 그들에게 민족문제연구소는 '손톱 밑의 가시'가 되었겠지만, 그 직접적 시발은 역사 다큐멘터리 〈백년전쟁〉이었다.

'근현대사 진실 찾기'란 부제가 붙은 이 시리즈 다큐 물은 이명박 정권이 들어선 이래 기승을 부리고 있는 식민지근대화론이나 친일·독재 미화론 등 역사 도발을 저지하기 위해, 외세의 침탈 이후 백여 년간에 걸친 우리 역사를 인물 영상 실록으로 정확히 알리고자 기획되었다. 첫 작업으로 이승만과 박정희를 다룬 것은 두 사람에 대한 구세력의 우상화 기도가 도를 넘었기 때문이었다. 〈백년전쟁〉은 골리앗이 저지르는 역사 왜곡에 대한 다윗의 정의로운 돌팔매질이었으며, 역사마저 입맛대로 좌지우지하겠다는 기득권을 겨냥해 날린 '거침없는 하이킥'이었다.

〈백년전쟁〉은 500만 명이 넘게 시청하는 일대 선풍을 일으키며 다큐멘터리로서는 전례 없는 대박을 터뜨렸다. 그 요인을 모두 알 수는 없되, 금기와 성역을 무너뜨리고 과감하게 풍자적 기법을 활용하면서 고정관념을 벗어던진 점이 호소력을 발휘하지 않았나 싶다.

〈백년전쟁〉에 대한 평가는 대선 정국과 맞물려 양극단으로 갈렸다. 다수 시민들은 용기 있는 역사 해석에 열광했다. 반면 족벌 언론과 극우 세력은 거의 광란에 가까운 격렬한 분노를 표출했다. 후자에게 내용의 사실 여부는 문제가 아니었다. 그들은 〈백년전쟁〉을 '건국의 아버지'와 '민족중흥의 영도자', 아니 자신들이 반인반신으로 숭배하고 있는 우상에 대한 철저한 모독이라고 간주했다. 그러면서 〈백년전쟁〉을 만든 민족문제연구소를 한마디로 패륜 집단으로 규정했다.

제2막은 작년 3월 13일 청와대에서 열린 이른바 국가원로 오찬 모임에서 시작됐다. 이 자리에 참석한 이인호 아산정책연구원 이사장(유림의 대표적 친일파이자 이승만 추종자로 3·15부정선거 관련자인 이명세의 손녀)은 〈백년전쟁〉을 고자질하면서 국가 안보 차원에서 이를 다뤄야 한다고 충심으로 건의했다. 이로써 〈백년전쟁〉은 그 누군가의 그 유명한 수첩에 기록되는 불상사를 당하게 됐다.

국가 안보 차원에서 주시해 달라는 주문은 거짓말같이 현실이 되어 가고 있다. 청와대 회동 당일부터 극우 인터넷 찌라시들과 친일족벌 언론들의 마녀사냥이 본격화됐다. 급기야 원로 회동 며칠 전까지만 해도 소송비용도 없고 승산도 없다고 명예훼손 제소를 회피하던 이승만 측이 태도를 돌변하여 소송에 착수했다. 원고 쪽 변호인으로는 고영주 변호사가 선임됐다. 고영주는 고위 공안 검사 출신으로 '국가정상화추진위원회'라는 정체불명의 비정상적 단체를 결성하고 대표를 맡은 인물로, 《친일인명사전》을 패러디한 《종북인명사전》을 만들겠다고 떠들어 대 주목을 받은 적이 있다. 그는 최근 영화 〈변호인〉

으로 다시 유명세를 탔는데 바로 노무현이 수임했던 '부림사건'의 담당 검사였기 때문이다. '초록은 동색'이라고 친일·독재·공안 등 못된 DNA는 그 친연성에 있어 불가분의 일체라는 생각이 절로 들지 않을 수 없다.

이승만 측은 소송비용을 마련한다는 핑계로 조·중·동 심지어 한겨레에 이르기까지 주요 일간지에 수억 원에 이르는 〈백년전쟁〉 비방 광고를 일제히 게재했다. '민사소송으로 기둥뿌리를 뽑고 형사소송으로 사회와 격리시켜야 한다'거나 '북쪽에는 천안함 폭침 연평도 폭격의 김정은이 있고, 남쪽에는 국민을 선동하는 백년전쟁 세력이 있다'는 천박하면서도 섬뜩한 카피에는 광기와 증오에 휩싸인 시대착오적 냉전 사고가 짙게 깔려 있었다. 자신들과 다른 정치적 견해를 지닌 국민 절반을 종북으로 몰아붙이는 무지막지한 그들이 무슨 짓인들 하지 못하랴. 그런데 나는 지금도 그 광고를 실은 돈의 출처가 궁금하기 짝이 없다. 이런 거액을 내놓은 음지의 독지가는 과연 누구일까. 추측에 맡기겠다.

이승만 측이 고소를 제기한 이후 거의 8개월간이나 잠잠하다가 작년 12월 말에 가서야 검찰의 소환이 시작되어 지금까지 세 차례 감독에 대한 조사가 진행된 상태이다. 그런데 조사가 진행되고 1년이 다 되어 가는 3월 말에 들어서 느닷없이 공안부로 넘겨 다시 조사하겠단다. 사자명예훼손사건에 공안이라니. 벌써 무혐의 처분이 내려져야 할 사안에 대한 검찰의 과잉 대응은 도대체 그 배경이 무엇일까. 다시 기승을 부리는 간첩죄는 물론 아닐 것이다. 공소시효가 지났으니 선거법에도 해당이 되지 않는다. 그렇다면 괘씸죄인가, 충성 경쟁인가. 좌우지간 견문이 짧아서인지 모르겠지만 명예훼손 소송을 공안 검찰이 담당한 선례가 있는지, 또 어디로부터 하명이 있었는지 자못 의구심이 들 뿐이다.

〈백년전쟁〉 이야기를 길게 늘어놓은 까닭은 바로 얼마 전의 역사를 바라보는 시각도 이렇게 다를 수 있다는 불편한 진실 때문이다. 또 노무현의 역사에 대한 직설화법이 무척이나 〈백년전쟁〉과 닮았다는 점을 이야기하기 위해서다.

노무현은 역대 어느 대통령보다 역사 정의를 화두로 삼고 이를 관철하고자 애썼다.

얼마 전 나는 제주도의 4·3평화공원을 방문할 기회가 있었다. 기념관의 한 공간에서 노무현의 메시지가 울려 퍼지고 있었다.

"국가권력은 어떤 경우에도 합법적으로 행사되어야 하고 일탈에 대한 책임은 특별히 무겁게 다뤄져야 합니다."

2006년 4월 3일, 노무현이 대통령으로서는 최초로 '제주 4·3사

그가 그립다 ●

건 희생자 위령제'에 참석하여 남긴 말이었다. 마치 지금의 현실을 예언이라도 하는 듯한 준엄한 경계가 가슴에 절실하게 와 닿았다. "제주의 비극적 역사를 진정으로 함께 아파한 대통령이었다."라는 안내자의 평을 뒤로하고 위령탑으로 발걸음을 옮겼다.

노무현은 그의 말대로 새로운 시대를 여는 대통령이 되고자 했으나 꿈을 이루지 못하고, 그 대신 새로운 시대를 준비하는 구시대의 마지막 대통령으로서 소임을 기꺼이 떠맡고자 했다. 미래 세대에게는 상식과 이성이 지배하는 바른 사회를 물려주어 민주주의와 인권 평화 등 인류 사회의 보편적 가치가 이 땅에 활짝 꽃피게 하자는 것이 그의 소망이었다. 그가 목표로 삼은 이상을 실현하기 위해서는 우선 과거의 잘못을 바로잡는 일이 선행되어야 했다. 과거사 청산은 불가피한 선택이었던 것이다.

노무현은 과거사에 대한 진실 규명이야말로 갈등 해소의 첫걸음이라 이해했다. 무작정 덮고 넘어간다고 있었던 일이 없었던 일로 될 수는 없다고 보았다.

"자랑스러운 역사든 부끄러운 역사든 역사는 있는 그대로 밝히고 정리해야 한다."

그가 임기 내내 강조했던 과거사 정리의 대원칙이었다.

그리고 그는 국가 권력에 의한 부당한 인권침해를 범죄행위로 보고 다시는 재발하지 않도록 해야 한다고 강조했다. 그는 이 문제를 '국가의 도덕성'으로 규정하면서 진상 규명이 일단락된 지난 시기의 국가 폭력에 대해서는 과감하게 사과하는 용기를 보여 주었다.

또 피해자들의 명예를 회복하고 해원의 과정을 거쳐 치유하는 사회적 노력을 기울이자고 역설했다. 지난했던 우리 근현대사의 질곡 속에서 외면당해 왔던 피해자들이 최소한이기는 하나 국가 차원의 사과와 보상을 받을 수 있는 길을 연 것이다.

과거사 청산이 갈등을 조장한다는 일각의 발목 잡기에 대해서는 '불행한 역사를 반복하지 않기 위해, 미래의 바른 역사를 위해 과거에 대한 바른 평가가 반드시 필요하다'며 거듭 설득하는 노력을 마다하지 않았다. 그러면서도 보복과 처벌에 대해서는 단호히 반대하는 입장을 취했다.

그는 체계적인 인식 아래, 한국 근현대사를 관통하는 반칙과 불의에 정면으로 맞서 역사 광정의 길을 열어 나간 개척자였다. 참여정부 기간에 의문사, 일제강점기 강제 동원, 친일 반민족 행위와 친일 재산, 민간인 학살 등 과거사 전반에 걸친 진상 규명과 함께 국정원·군·경찰 등 권력기관의 자체적인 과거 청산 작업도 병행됐다. 다른 한편으로 이전 시기에는 꿈도 꾸지 못했을 사회주의 계열 독립운동가에 대한 서훈도 현실화하는 등 가히 혁명적이라 할 만한 인식의 전환이 이루어졌다.

그러나 이명박 정권의 등장 이후 노무현의 시대정신이 일궈 놓은 소중한 자산들이 물거품이 되어 사라져 가고 있다. 이명박 정부 인수위원회가 선언한 첫 과업 중 하나가 과거사위원회의 해체 또는 무력화였다. 이명박 정부 초기 건국절 논란에서부터 최근에 일어난 교학사의 한국사 교과서 파동에 이르기까지 과거 회귀 세력의 집요한 역사 쿠데타 기도는 지금도 멈추지 않고 계속되고 있다. 이제 모두 깨닫고 있는 사실이지만 이명박은 극우 근본주의가 득세할 수 있는 환경을 조성하였으며, 박근혜는 이를 토대로 급격히 몸을 불린 극우 세력을 전위대 삼아 역사를 마음껏 농단하고 있다.

과거사 청산과 반성이 돌이킬 수 없는 세계적 추세로 자리 잡은 지 이미 오래다. 그럼에도 유독 한일 양국의 최근 정권들은 역사의 수레바퀴를 거꾸로 돌리기에 여념이 없다. 미국의 유력 일간지 〈뉴욕타임스〉는 '정치인과 교과서'라는 제목의 사설을 게재했다. 아베는 한국의 위안부 피해자와 중국에서 벌어진 난징 대학살을, 박근혜는 친일 행위와 관련된 내용이 교과서에서 언급되는 것을 원하지 않는다고 설명하면서 그 원인을 아베의 외조부인 A급 전범, 기시 노부스케와 일본군의 장교였던 박정희에게서 찾았다. 그리고 '교과서를 개정하려는 두 나라의 이러한 위험한 노력은 역사의 교훈에 훼방을 놓는 위협'이라고 규정했다. 이례적으로 외교부가 성명을 발표하며 〈뉴욕 타임스〉에 항의하겠다고 나섰지만 나는 그 사설이 이면의 진실을 제대로 짚어 냈다고 평가한다. 일본은 군국주의 세력을, 한국은 친일 세력을 청산하지 못한 후과가 오늘의 위험한 우경화로 나타나고 있는 것이다. 역사 교과서에 집착하는 한일 양국의 극우 세력은 일본 제국주의의 쌍생아로 국가주의라는 동일한 목표 아래 움직이고 있다고 봐야 적실하다 하겠다. 그러고 보면 박근혜의 강경한 대일 외교는 국내 정치와 함수 관계에 놓여 있는 것이지 근본적인 역사 인식의 차이에서 기인하지 않는다고 보아도 무방할 것 같다. 그렇지 않고서야 어찌 밖으로는 일본군 '위안부' 문제로 일본을 비판하면서 안으로는 일본의 후소샤 교과서보다 더 왜곡이 심한 뉴라이트의 대안 교과서를 극찬하고 노골적으로 교학사 교과서에 특혜를 베푸는 이율배반적 태도를 취할 수 있단 말인가. 2006년 3·1절 기념사에서 노무현은 말했다. '이웃 나라에 대해 잘못 쓰인 역사를 바로잡자고 당당하게 말하기 위해서는 우리 역사도 잘못 쓰인 곳이 있으면 바로잡아야 할 것'이라고.

노무현의 역사 인식과 실천적 면모는 민족문제연구소로서도 경이로운 일이 아닐 수 없었다. 적어도 역사 문제에 있어서만큼은 우리도 놀랄 정도로 그 지향이 민족문제연구소와 일치하였다. 아니, 오히려 앞서는 부분이 많았다. 그렇다고 해서 일반의 추측과는 달리 그가 개인적으로 연구소와 특별한 인연이 있었거나 교감을 하던 관계는 아니었다.

그가 그립다 ●

드물었지만 강렬한 인상이 남았던 노무현에 대한 기억 몇 가지를 돌이켜 본다. IMF의 여파로 재정난이 심화되어 민족문제연구소가 존폐 위기에 놓였던 시기, 《친일인명사전》 편찬사업도 사실상 중단 상태에 놓이게 되었다. 구성원들은 이 상황을 타개하기 위해 재단을 설립해 편찬 사업을 계속해 나가기로 뜻을 모았다. 노무현은 이때 재단 발기인으로 기꺼이 참여해 《친일인명사전》 발간의 대의에 지지를 표명했다.

그 뒤 대통령 후보 시절 노무현은 8·15를 맞아 무수한 애국지사들이 고초를 겪고 숨져 간 서대문형무소를 방문하고 순국선열위령탑에 헌화했다. 그때 우리 민족문제연구소는 '친일 예술인과 그들의 작품'이라는 주제로 옥외 전시를 하고 있었는데, 그가 꼼꼼하게 둘러보며 깊은 관심을 표했다. 이날 당시 연구소 2대 이사장을 맡고 있던 부민관 폭파 의거의 주역인 고(故) 조문기 선생을 비롯한 독립운동계 인사들과 점심을 함께하는 자리가 마련됐다. 거기에서 노무현의 그 유명한 '발가락 양말'을 실제 목격하기도 했다. 너무도 격의 없고 소박한 그의 모습에 당혹감이 느껴질 정도였던 기억이 남아 있다. 독립운동 선양과 친일 청산을 당부하는 노(老) 독립운동가의 주문에, 노무현 특유의 직설화법으로 "꽉꽉 밀어 드리겠습니다."라고 시원스레 답변해 참석자들의 우레와 같은 박수를 받았던 일도 새삼 떠오른다.

《친일인명사전》편찬은 그 자체로 하나의 드라마였다. 18년에 걸친 대장정 과정에서 많은 에피소드가 있었지만 그중 하나를 소개한다. 2004년 초 오마이뉴스와 공동으로 추진했던 '친일인명사전 편찬 네티즌의 힘으로' 국민 모금 캠페인이 전 국민적 관심사가 되고 있을 때였다. 당시 행정자치부에서 기부금품 모집규제법에 저촉된다고 즉각 모금을 중단하라는 공문을 연구소로 보내왔다. 아니, 국민들이 자발적으로 돈을 모아 역사를 바로잡겠다는데 도와주지는 못할 망정 쪽박을 깨려는 심사는 무엇일까. 관료 사회의 경직성을 감안하더라도 지나친 처사가 아닐 수 없었다. 이 사실은 바로 9시 뉴스의 서두를 장식했으며 시민들은 대대적으로 모금에 동참함으로써 부당한 조치에 분노하고 저항했다. 기자들의 취재에 허성관 장관이 자신은 진즉 성금을 냈다고 답변하는 웃지 못할 해프닝도 벌어졌다.

이 사태 직후 열린 국무회의에서 《친일인명사전》에 대한 국민 모금 허용을 의결했다. 나아가 대통령 노무현은 "다양한 관점에서 비롯된 다양한 활동들이 이뤄지도록 정부가 유연성을 가져 나가는 것이 좋겠다."며 "이번 일을 계기로 기부금품 모집규제법에 대해 세계의 입법 사례를 살펴보는 등 타당성에 대해서 깊게 검토를 해 보라."고 지시했다. 친일 청산을 대통령도 지지하고 장관도 성금을 내는데 일선에서는 제재를 가하는 아이러니는 변화와 개혁을 두려워하는 관성이 얼마나 돌파하기 힘든 난관인지를 예고하고 있었다.

친일재산조사위원회 위원 임명식에서 있었던 일화도 노무현의 거침없는 역사의식을 보여 준다. 임명장 수여 뒤에 있은 간담회에서 그는 "정수장학회는 중앙정보부가 불법으로 빼앗은 장물로 설립된 거 아닙니까. 왜 환수해 원주인인 부일장학회에 돌려주지 못한다는 말입니까?"라고 다소 격앙된 목소리로 비판했다. 이것저것 고려하지 않는 그의 솔직함이 묻어나는 심경 고백이었다. 보좌관들이 당시 한나라당 박근혜 대표를 의식하여 정치 쟁점화할 것을 우려하면서 질색을 하였으나 그의 소신은 바뀔 줄을 몰랐다. 장물은 장물이니까.

흔히 화해와 용서를 말한다. 그러나 잘못을 시인하지 않는 대상을 용서하기는 불가능하다. 죄도 짓지 않고 잘못을 저지르지도 않았다고 생각하는 대상에 대해 무엇을 화해하고 용서한단 말인가. 그래서 무엇보다도 진실이 먼저 밝혀져야 하고 과거사 청산은 이로부터 시작되는 것이다. 노무현은 이 핵심을 잘 알고 있었다.

이제 산업화와 민주화를 함께 이뤄 냈다고 긍지를 가지기에는 나라 꼴이 꼴이 아닌 지경에 이르렀다. 그래서 노무현이 그토록 추구했던 반칙 없는 사회, 상식과 정의가 지배하는 사회가 더욱 간절해진다. 문익환은 말했다. '역사를 산다는 것은 벽을 문으로 알고 부딪치는 것'이라고. 어렵지만 반드시 해결해야 할, 피할 수 없는 우리 모두의 과제가 눈앞에 쌓여 있다. 대통령 노무현이 그러하였듯 골리앗을 향한 다윗의 도전은 계속되어야 한다.

조세열
_____

현재 민족문제연구소 사무총장으로 일하고 있다. 《친일인명사전》 편찬에 참여했으며, 친일반민족행위자재산조사위원회 위원으로서 친일 재산 국가귀속 업무를 진행하기도 했다. 한국 근현대 과거사 청산과 통일시대의 역사문화운동이 주요 관심 분야이다.

그가 그립다 ●